O ELOGIO DA LITERATURA

Obras de Zygmunt Bauman:

- 44 cartas do mundo líquido moderno
- Amor líquido
- Aprendendo a pensar com a sociologia
- A arte da vida
- Babel
- Bauman sobre Bauman
- Capitalismo parasitário
- Cegueira moral
- Comunidade
- Confiança e medo na cidade
- A cultura no mundo líquido moderno
- Danos colaterais
- O elogio da literatura
- Em busca da política
- Ensaios sobre o conceito de cultura
- Estado de crise
- Estranhos à nossa porta
- A ética é possível num mundo de consumidores?
- Europa
- Globalização: as consequências humanas
- Identidade
- A individualidade numa época de incertezas
- Isto não é um diário
- Legisladores e intérpretes
- Mal líquido
- O mal-estar da pós-modernidade
- Medo líquido
- Modernidade e ambivalência
- Modernidade e Holocausto
- Modernidade líquida
- Nascidos em tempos líquidos
- Para que serve a sociologia?
- O retorno do pêndulo
- Retrotopia
- A riqueza de poucos beneficia todos nós?
- Sobre educação e juventude
- A sociedade individualizada
- Tempos líquidos
- Vida a crédito
- Vida em fragmentos
- Vida líquida
- Vida para consumo
- Vidas desperdiçadas
- Vigilância líquida

Zygmunt Bauman
Riccardo Mazzeo

O ELOGIO DA LITERATURA

Tradução:
Renato Aguiar

Título original:
In Praise of Literature

Tradução autorizada da primeira edição inglesa,
publicada em 2016 por Polity Press,
de Londres, Inglaterra

Copyright © 2016, Zygmunt Bauman e Riccardo Mazzeo

Copyright da edição em língua portuguesa © 2020:
Jorge Zahar Editor Ltda.
rua Marquês de S. Vicente 99 – 1º | 22451-041 Rio de Janeiro, RJ
tel (21) 2529-4750 | fax (21) 2529-4787
editora@zahar.com.br | www.zahar.com.br

Todos os direitos reservados.
A reprodução não autorizada desta publicação, no todo
ou em parte, constitui violação de direitos autorais. (Lei 9.610/98)

Grafia atualizada respeitando o novo
Acordo Ortográfico da Língua Portuguesa

A editora não se responsabiliza por links ou sites aqui indicados,
nem pode garantir que eles continuarão ativos e/ou adequados,
salvo os que forem propriedade da Zahar.

Preparação: Angela Ramalho Vianna
Revisão: Eduardo Monteiro, Carolina Sampaio
Capa: Sérgio Campante | Imagens da capa: © Mario Breda/Shutterstock.com;
© PM Images/Getty Images

CIP-Brasil. Catalogação na publicação
Sindicato Nacional dos Editores de Livros, RJ

B341e
Bauman, Zygmunt, 1925-2017
O elogio da literatura/Zygmunt Bauman, Riccardo Mazzeo; tradução Renato Aguiar – 1.ed. – Rio de Janeiro: Zahar, 2020.

Tradução de: In praise of literature
Inclui bibliografia
ISBN 978-85-378-1862-6

1. Literatura e sociedade. 2. Literatura – História e crítica. I. Mazzeo, Riccardo. II. Aguiar, Renato. III. Título.

19-60032
CDD: 809.933552
CDU: 82.09:316.1

Meri Gleice Rodrigues de Souza – Bibliotecária – CRB-7/6439

· **Sumário** ·

Prefácio 9

1. As duas irmãs 17
2. A salvação pela literatura 34
3. O pêndulo e o centro vazio de Calvino 44
4. O problema do pai 51
5. A literatura e o interregno 61
6. O blog e o desaparecimento dos mediadores 68
7. Estamos todos nos tornando autistas? 77
8. Metáforas do século XXI 86
9. O risco da tuiteratura 101
10. Seco e úmido 113
11. O entrincheiramento na "singularidade" 122
12. Educação, literatura, sociologia 131

Notas 144

"O ditado segundo o qual o mundo quer ser enganado tornou-se mais verdadeiro do que jamais se poderia imaginar. Como se diz agora, as pessoas não apenas se deixam enganar. Se isso lhes garantir a mais fugaz das gratificações, elas desejam o logro, o qual, entretanto, é evidente para elas. As pessoas fecham bem os olhos e, numa espécie de autodegradação, exprimem aprovação daquilo que lhes foi atribuído, plenamente conscientes do propósito para o qual ele foi elaborado. Sem admitir, elas percebem que a vida seria completamente intolerável se deixassem de se aferrar a satisfações que absolutamente não satisfazem."

THEODOR W. ADORNO, "Cultural industry reconsidered", *Culture Industry*, Londres, Routledge, 1991, p.89.

"A prática oficial de humanismo se completa acusando-se de desumanidade tudo o que é verdadeiramente humano e nada tem de oficial. Pois a crítica tira do homem seus parcos haveres espirituais, removendo o véu que ele próprio considera benévolo. A ira nele incitada pela imagem desvelada é desviada para aqueles que rasgaram o véu, conforme a hipótese de Helvétius, de que a verdade nunca prejudica ninguém, exceto aquele que a enuncia."

THEODOR W. ADORNO, "Culture and administration", *Telos*, n.37, 1978, p.106.

"Deve-se reconhecer o fato simples de que é especificamente cultural tudo aquilo que é apartado da necessidade nua e crua da vida. ... Cultura: aquilo que vai além do sistema de autopreservação da espécie. ... A sacrossanta irracionalidade da cultura."

Ibid., p.94, 100, 97.

"Chama-se realidade material o mundo do valor de troca, [porém a cultura] se recusa a aceitar a dominação deste mundo."

THEODOR W. ADORNO, *Minima moralia*, Londres, Verso, 1974, p.44.

· **Prefácio** ·

O tema de nossa conversa, entabulada em forma de cartas e reproduzida a seguir, é uma questão reconhecidamente (e, segundo alguns, "essencialmente") contestada: a relação entre literatura (e artes em geral) e sociologia (ou, de modo mais genérico, um ramo das ciências humanas que reivindica o status de ciência). Tanto a literatura – e as outras artes – quanto a sociologia são partes integrantes da cultura; as avaliações de Theodore W. Adorno citadas nas epígrafes sobre a natureza e o papel da cultura – "aquilo que vai além do sistema de autopreservação da espécie" ao "rasgar o véu" que os beneficiários prospectivos de cultura, por autoengano, talvez considerem benévolo – se aplicam às duas em igual medida. Ainda assim, julgamos que literatura e sociologia estão mais intimamente vinculadas e cooperam uma com a outra de forma mais estreita do que em geral acontece com os vários tipos de produtos culturais, e decerto muito mais do que sugeriria sua separação administrativamente motivada e imposta.

Nós buscamos argumentar e demonstrar que a literatura e a sociologia compartilham o campo que exploram, seu tema e seus tópicos – assim como (ao menos num grau substantivo) sua vocação e seu impacto social. Como um de nós mencionou ao tentar esclarecer a natureza de seu parentesco e cooperação, literatura e sociologia são "complementares, mutuamente suplementares e reciprocamente enriquecedoras. Não estão de forma alguma em competição, ... muito menos em desacordo ou oposição. De maneira consciente ou não, deliberada ou desapaixonadamente, ambas miram o mesmo objetivo; poder-se-ia dizer que 'pertencem ao mesmo ramo de negócios'".[1] É por isso que, se você for um sociólogo tentando deslindar o mistério da condição humana e rasgar o véu de preconceitos e equívocos insinuados ou urdidos, "se você procura a verdade da 'vida real', e não a 'verdade' sobrecarregada com o duvidoso e presunçoso 'saber' de homúnculos nascidos e criados em tubos de ensaio, dificilmente poderia fazer melhor escolha que colher as sugestões de gente como Franz Kafka, Robert Musil, Georges Perec, Milan Kundera ou Michel Houellebecq". Literatura e sociologia alimentam uma à outra. Elas também cooperam ao esboçar os horizontes cognitivos uma da outra e ajudar a corrigir as confusões e os descuidos ocasionais uma da outra.

Não obstante, o que tínhamos em mente ao conduzir nosso intercâmbio não era compor mais uma reconstrução da longa crônica das eruditas opiniões provisórias sobre a relação multifacetada entre artes e ciências humanas/sociais, nem fazer um instantâneo de seu estágio presente. Conduzidas e registradas a partir da perspectiva de interesses e cuidados sobretudo sociológicos, nossas conversas não são um exercício de teoria da literatura – e muito menos uma reconstrução de sua longa e rica história. Em vez disso, tentamos apresentar essa relação em ato: rastrear, observar e documentar as aspirações compartilhadas, as inspirações múltiplas e o intercâmbio desses dois tipos de inquirição sobre a condição humana – modos humanos de estar no mundo completados por suas alegrias e tristezas, potenciais humanos desdobrados bem como negligenciados ou desperdiçados, perspectivas e esperanças, expectativas e frustrações. Tanto a literatura quanto a sociologia fazem tudo isso (pelo menos tentam fazê-lo, e com toda a certeza são chamadas a continuar tentando) – ao mesmo tempo que desdobram estratégias, ferramentas e métodos distintos, ainda que mutuamente complementares.

Classificar e arquivar a literatura entre as artes, enquanto a sociologia luta energicamente – embora com sucesso incerto – para ser classificada e arquivada entre as ciências é algo fadado a deixar uma marca profunda nas visões comuns de seu relacionamento recíproco – bem como nas prioridades de seus praticantes. Por essa razão, estabelecer fronteiras tem chamado mais atenção de ambos os lados da suposta divisão do que construir pontes e facilitar o trânsito transfronteiriço (o que, em nossa opinião, resulta para ambos os lados em muito mais prejuízo que benefício), embora a tarefa de controlar carteiras de identidade obrigatórias exija em geral incomparavelmente mais atenção e dedicação que emitir (uns raros) documentos de viagem – como se para confirmar a observação de Frederick Barth de que, em vez de estabelecer fronteiras por causa da presença de diferenças, procuram-se e inventam-se diferenças avidamente, pois é imperativo estabelecer fronteiras.[2] Cada qual das duas classes justapostas de produtos culturais estabelece exigências duras para todos os que postulam inclusão; prescrições e proscrições rigorosas, rigidamente controladas e onerosas são codificadas a fim de guardar a identidade única e a soberania territorial de cada entidade. Na escala de conformidade às regras, as barras tendem a ser colocadas em altura desencorajadoramente alta para afastar candidatos não disciplinados o bastante, que ameacem arrastar o privilégio de classe junto com as paliçadas das fronteiras.

São múltiplas e variadas as diferenças de "métodos" e os pontos em que a literatura e a pesquisa científico-social se sentem autorizadas a anunciar ter chegado aos respectivos destinos.[3] Duas das diferenças, contudo, são, até onde nos dizem respeito, centrais para a distinção entre os dois modos de investigar a condição humana – embora, simultaneamente, também para sua complementaridade. Essa dualidade foi captada de maneira esplêndida por Georg Lukács já em seu estudo de 1914: "A arte sempre diz 'ainda assim' para a vida. A criação de formas é a mais profunda confirmação da existência de uma dissonância. ... O romance, em contraste com outros gêneros cuja existência reside dentro da forma acabada, aparece como algo em processo de vir a ser."[4] Acrescentemos que grande parte – talvez a maior parte – do estudo sociológico pertence à família desses "outros gêneros": ele visa à completude, à finalidade e à conclusividade. Comprometido com essa tarefa, é propenso a passar por cima, relegar à margem ou eliminar do quadro como anomalia idiossincrática irrelevante tudo o que é singularmente pessoal – subjetivo – como algo peculiar, excêntrico e aberrante. Ele se empenha em deslindar o uniforme e o geral enquanto elimina o peculiar e distinto como coisa estranha e anômala. Entretanto, como insiste Lukács, o estudo sociológico não poderia ser diferente, "pois a forma exterior do romance" é "essencialmente biográfica". E ele adverte desde logo que "a flutuação entre um sistema conceitual que nunca pode captar completamente a vida e um complexo vivo que nunca pode alcançar a completude é imanentemente utópica".

E assim nós confrontamos, por um lado, o cenário social organicamente heteronômico e dissonante da vida individual e, por outro o esforço determinado do indivíduo para conjurar uma totalidade coesiva da vida fragmentada e uma trajetória constante de guinadas e pivôs biográficos ao estilo de um cata-vento. O primeiro induz à falácia de imputar lógica e racionalidade a uma condição ilógica e irracional; o outro incita o erro de ficar observando às escondidas uma façanha autopropelida e autodirigida, a desenrolar-se numa confusão de puxões e empurrões discrepantes e incoerentes. Um perigo é endêmico nos empreendimentos sociológicos; o outro, na escritura dos romances. Nem a sociologia nem a literatura podem dominar as respectivas ameaças por si sós. Contudo, elas podem contornar ou vencer ambas se – e somente se – unirem forças. E é precisamente a sua *diferença* que lhes dá uma chance de vitória sob o signo da *complementaridade*. Para citar a maneira – tão concisa quanto convincente – de Milan Kundera formular a questão: "O fundador da era moderna não é somente Descartes, mas também Cervantes. ... Se é verdade que a filosofia e a ciência esqueceram o ser do homem, revela-se de forma ainda mais manifesta que, com Cervantes, formou-se uma grande arte europeia, que nada mais é que investigação sobre este ser esquecido."⁵ E também citaremos seu endosso sincero à assertiva de Hermann Broch, de que "a única razão de ser de um romance é descobrir o que somente um romance pode descobrir". Nós acrescentaríamos: sem essa descoberta, a sociologia correria o risco de se tornar uma caminhante de uma perna só.

Nós acreditamos que a relação em pauta ostenta todas as marcas de uma "rivalidade de irmãs": uma mistura de cooperação e competição que só deve ser esperada entre seres que estejam destinados a engajar-se na busca de objetivos semelhantes, embora sejam julgados, avaliados e reconhecidos, ou tenham seu reconhecimento negado, com base em tipos de resultados distintos, ainda que comparáveis. Romances e estudos sociológicos nascem da mesma curiosidade e têm propósitos cognitivos semelhantes, compartilhando parentesco e ostentando uma parecença familiar indiscutível, palpável; elas observam os avanços uma da outra com uma mistura de admiração e ciúme camarada. Escritores de romances e de textos sociológicos exploram, em última análise, o mesmo solo: a vasta experiência de estar no mundo para (citando José Saramago) "que fossem testemunho da passagem por este mundo de homens e mulheres que, pelas boas ou más razões do que tinham vivido, deixaram um sinal, uma presença, uma influência que, tendo perdurado até hoje, continuarão a deixar marcadas as gerações vindouras".⁶ Escritores de romances e escritores de textos sociológicos habitam uma mesma morada: no que os alemães chamam de *die Lebenswelt*, o "mundo da vida", o mundo percebido e reciclado por seus residentes (seus "autoratores" – isto é, simultaneamente, atores e autores) como "senso comum", remodelado na arte da vida refletida em suas práticas de vida. Conscientemente ou não, de modo deliberado ou corriqueiro, elas estão ambas engajadas numa espécie de "hermenêutica secundária (ou derivativa)": uma reinterpretação contínua de entidades que são resultados de interpretações precedentes – realidades formadas por esforços interpretativos da *hoi polloi* e acumulados na sua *doxa* (senso comum: ideias com que pensamos, mas pouco – se é que realmente o fazemos). Em numerosas ocasiões no passado, os autores de romances (como outros artistas visionários) foram os primeiros a mencionar e esmiuçar mudanças de curso ou novas tendências incipientes nos desafios que seus contemporâneos enfrentavam e se esforçavam por tratar; os romancistas conseguiram localizar e captar novas deflexões num estágio em que, para a maioria dos sociólogos, elas permaneciam despercebidas ou descartadas e negligenciadas em função de sua marginalidade e atribuição manifestamente irrevogável ao status de minoria. Hoje nós testemunhamos mais uma ocasião desse tipo. Novamente na história dos tempos modernos os autores de romances se juntam a cineastas e artistas visuais na vanguarda da reflexão, do debate e da consciência públicos. Eles estão desbravando o insight sobre a nova condição de homens e mulheres na nossa sociedade de consumidores cada vez mais desregulamentada, atomizada e privatizada: gente que padece sob a tirania do momento, condenada a levar uma vida apressada e inquieta e a aderir ao culto da novidade. Eles exploram e retratam alegrias transitórias e depressões duradouras, medos, indignação, dissidência e tentativas rudimentares mais ou menos sinceras de resistência – as quais acabam em vitórias parciais ou derrotas ostensivas (embora oxalá temporárias). Despertada, inspirada e estimulada por eles, a sociologia busca arduamente reciclar os insights deles, torná-los afirmações autorizadas baseadas em pesquisa *sine ira et studio* ("sem ira nem fervor") sistemática. O estudo da carreira desses processos nos serve como chave para deslindar o padrão da relação e da interdependência recíproca entre as duas culturas, artística e científica – bem como estimar o grau ao qual cada um dos dois parceiros de negócio deve seu progresso ao incentivo, esclarecimento, estímulo e ânimo recebido do outro.

Para concluir a mensagem que nós, conversadores profissionais, buscamos comunicar: escritores de romances e escritores de textos sociológicos podem explorar este mundo a partir de perspectivas diferentes, buscando e produzindo tipos diferentes de "dados" – não obstante, seus produtos ostentam indiscutivelmente marcas de origem compartilhada. Eles alimentam um ao outro e dependem um do outro em sua agenda, nas suas descobertas e no conteúdo de suas mensagens; eles só revelam a verdade, toda a verdade e nada mais que a verdade da condição humana quando estão na companhia um do outro, quando permanecem atentos às descobertas um do outro e se engajam em diálogo contínuo. Somente juntos eles podem se elevar à altura da tarefa desafiadora de deslindar e desnudar o enredamento complexo entre biografia e história, bem como entre indivíduo e sociedade: essa totalidade que nós moldamos diariamente ao mesmo tempo que somos moldados por ela.

Z.B. e R.M.

· 1 ·

As duas irmãs

RICCARDO MAZZEO: Você enunciou claramente por que a literatura é tão importante para a sociologia, a ponto de considerar que as duas disciplinas são "irmãs": ambas estão sem dúvida dispostas a rasgar constantemente seu véu de pré-interpretação[1] – segundo Milan Kundera –, como vimos em *Dom Quixote*, de Cervantes. Para cuidar da complexidade e da infinita variedade da experiência humana tal como é intimamente percebida e vivida, os indivíduos não podem ser reduzidos a homúnculos, identificados e descritos como modelos e estatísticas, como dados e fatos objetivos. A natureza da literatura é em si ambivalente, metafórica e metonímica. Ela é capaz de expressar solidez e fluidez, assim como homogeneidade e pluralidade, a natureza suave e mesmo "pungente, áspera e friável"[2] de nossa existência. Não só nós carecemos das palavras para dizer quem somos e o que queremos, mas também somos alimentados a colheradas, fartados e saturados de palavras que são tão vazias e sem vida quanto cintilantemente atraentes e sedutoras – as palavras ubíquas que são repetidas pelas sereias da celebridade, usadas por novos dispositivos hi-tech extraordinários e os últimos produtos irresistíveis imprescindíveis, os quais nos autorizam a tomar nosso lugar na sociedade, conforme esperado.

E assim, "se você deseja cooperar com seus leitores em sua ânsia (consciente ou não) de encontrar a verdade de seu próprio modo de ser e estar no mundo e aprender sobre as alternativas que permanecem inexploradas, desprezadas, negligenciadas ou ocultas",[3] é essencial que a sociologia e a literatura trabalhem juntas para aumentar nossa capacidade de avaliar e revelar a autenticidade que é obscurecida pelos véus que nos cercam e para sustentar a liberdade de ir ao encontro de nossas necessidades.

Eu estive pensando em chamar essa nova série de conversas de *A irmã literatura* (mesmo que o título venha a ser *O elogio da literatura* – feitas as contas, não tão diferente de minha ideia original) em reconhecimento às considerações de seu último livro, cujo objetivo é resumido acima e está no âmago de todo o seu trabalho sociológico, sempre nutrido pela literatura. Também é um título parcialmente inspirado em dois livros escritos por amigos meus que tentaram, por caminhos diferentes, demonstrar como a literatura é extraordinária em sua capacidade de interpretar nossas existências e os acontecimentos de nossa época que vivenciamos juntos.[4]

Naturalmente, a ideia do título original também em parte se deve à minha própria inclinação, pois há muito tempo me graduei com uma tese sobre Édipo em Marcel Proust e quis ir a Paris estudar com Lacan. Eu comecei a conhecer e a gostar do seu trabalho no início dos anos 1990, para aprimorar minha consciência e minha percepção da sociedade sem perder de vista os indivíduos que a formam.

Eu gostaria, portanto, que você desse continuidade às suas reflexões sociológicas esclarecidas principalmente como autor narrativo, claro, mas também usando a psicanálise e outras ciências humanas, pois as partições que dividem essas disciplinas nada têm de impenetráveis.

Eu seu livro mais recente, *Para que serve a sociologia?*,[5] desde o primeiro capítulo você se esforça para sublinhar a importância primária de usar as palavras certas para descrever a realidade. Por exemplo, você observa que, em seu modo distinto de olhar para a sociologia como uma conversa com a experiência humana, a língua inglesa é um obstáculo, pois não tem duas palavras diferentes para descrever "experiência". Elas existem em alemão: *Erfahrung*, significando os aspectos objetivos da experiência, e *Erlebnis*, que significa os aspectos subjetivos da experiência.

A tarefa de um sociólogo com a imaginação necessária para cumpri-la é expandir o alcance de *Erlebnisse* e atrair as pessoas para fora de suas conchas ("como barcos na garrafa/ elas em sua melodia", usando as palavras de Mario Luzi)[6] para que compreendam que muitas das experiências vividas individualmente, como se fossem únicas, são na verdade produzidas socialmente e podem ser manipuladas (substituindo "com o objetivo de" por "em decorrência de"). O sociólogo ou a socióloga têm de expandir seu escopo, submetendo *Erfahrungen* a avaliação semelhante. Essas experiências objetivas são como o mercado, que, J.M. Coetzee esclarece, não foi feito por Deus nem pelo Espírito da História, mas, antes, por nós seres humanos; consequentemente, é possível "desfazê-lo e refazê-lo de maneira mais aceitável".[7] Essas experiências podem elas mesmas ser mudadas ao assumirmos uma atitude mais crítica e um papel mais ativo. Às vezes, tudo pode encontrar inspiração numa compreensão autêntica das palavras que usamos para descrever nossa vida e o mundo que nos cerca.

Eu tenho a impressão de que as palavras estão sob pressão crescente no nosso mundo líquido moderno. Como você indicou, não só o número de palavras está diminuindo, mas elas também estão sendo encurtadas e reduzidas a uma série de consoantes nas mensagens eletrônicas que agora são o veículo de comunicação dominante. Porém, mesmo as palavras que continuam a ser pronunciadas inteiras tendem a ser absorvidas em áreas menores e escolhidas por razões hedonístico-emocionais. Zapeando pelos canais voltados para jovens na TV, como MTV, M20 e DJ Television, os aspectos visuais mais surpreendentes são as imagens de corpos seminus, homens e mulheres, representando escrupulosamente a variedade de grupos étnicos, para garantir que a folha de parreira da correção política seja preservada. Mas o ouvido é ferido pela repetição incessante de poucas palavras-chave: festa, dança, sexo, noite, diversão. A música pop sempre girou em torno de descrições do amor, predominantemente de tipo infeliz, de modo que pessoas comuns possam se identificar com facilidade com letras comuns. Qualquer alienígena assistindo à TV para "jovens" hoje e observando as cenas pensaria que os terráqueos nada mais fazem além de dançar, se embriagar e fazer sexo, principalmente à noite, num frenesi desenfreado e aparatoso. Obviamente, se você considerar a natureza precária da vida de nossas crianças, e a escassez de oportunidades oferecidas, a evidência propiciada pela TV é pior do que antífrase, é completamente enganadora.

O vocabulário jovem foi impregnado por uma doença igualmente perigosa: a propagação implacável de frases simplificadas até o osso, ready-made, de modo que todos possam cantá-las ou decifrá-las, mesmo quando seu conhecimento do inglês é muito modesto. Seria certamente um desenvolvimento positivo se todos os não anglófonos fossem capazes de dominar o vocabulário básico daquela que se tornou a "língua da comunicação", mas a terminologia nas letras dessas canções é mais que apenas básica, é criteriosamente restrita e ressecada a ponto de tornar-se uma espécie de grau zero de verbalização, o qual é tão monótono quanto compartimentalizado, com palavras desenhadas para penetrar o tecido mental da garotada, invadir sua imaginação, colonizar seus gostos e preferências e ditar a direção do seu prazer ou divertimento. Já há alguns meses, sempre que uma nova canção é lançada – como "Roar", de Katy Perry, ou "Bonfire Heart", de James Blunt –, durante várias semanas o vídeo só mostra a letra das músicas, e não as imagens. Isso para garantir uma experiência de karaokê, assegurando que todos possam aprendê-la rápida e facilmente. Uma vez que as letras foram aprendidas, só depois disso é que a animada barragem verbal de banalidade dá lugar às imagens, que contêm graus variados de lubricidade e ousadia cômica em "Roar" e um motociclista bem-intencionado em "Bonfire Heart". Além do tom subjugado e meloso das mensagens dessas canções – ou, como ocorre em outros casos, a carga erótica energética e irrestrita –, o mais impressionante é a erosão, o retraimento e a diluição da linguagem.

A supersimplificação da linguagem ecoa a supersimplificação da música, como Milan Kundera poeticamente se queixou num livro traduzido do tcheco em 1978, *O livro do riso e do esquecimento*.[8] O escritor ficara entusiasmado com as inovações dodecafônicas de Schoenberg, que conseguira repensar a música de maneira audaciosa; mas depois disso veio um deserto criativo que, nada silencioso, derramava incessantemente música barata e irrelevante em todos os lugares:

> Schoenberg morreu, Ellington morreu, mas a guitarra é eterna. A harmonia estereotipada, a melodia banal, o ritmo que é tão repisado quanto monótono, isso é tudo o que restou da música nessa eternidade de sons. Todos podem se sentir unidos pela combinação simples de notas, pois é como se estivessem juntos, gritando jubilosamente "Eu estou aqui!". Não existe comunhão mais fragrante e unânime que a simples existência compartilhada. Nesse mundo, árabes podem dançar com judeus e tchecos com russos, os corpos se movem no tempo certo, no ritmo das notas, inebriados com a percepção de existir. É por isso que nenhuma obra de Beethoven foi vivida com a mesma paixão coletiva que os hits produzidos aos borbotões numa guitarra.[9]

O mesmo acontece com as palavras: elas foram reduzidas a uma massa de slogans consumistas descartáveis. O declínio progressivo do veículo mais importante para expressarmos nossa visão de mundo, sem sermos reféns de ideias recebidas, é verdadeiramente aterrador.

Como podemos libertar a linguagem das garras dessa espiral que a arrasta rumo a um País dos Brinquedos fraudulento e mortal?

ZYGMUNT BAUMAN: Seja Katy Perry, seja Marcel Proust, seja Lacan a ter algo importante a dizer sobre as premissas inconscientes da consciência deles – ou você e eu, com todos os demais leitores ou ouvintes deles –, o que quer que nós todos ou qualquer um de nós vejamos, pensemos ou acreditemos ver, e o que quer que façamos em consequência disso, tudo é tecido em discurso.

"Nós vivemos em discurso como o peixe vive na água", é o que nos sugere David Lodge em seu último romance,[10] na fala do herói, Desmond Bates – um homem de muitas fraquezas, mas um linguista de conhecimento e percepção antes impecáveis tanto da *língua* quanto da *fala* (dois conceitos cunhados por Ferdinand de Saussure e elaborados por Claude Lévi-Strauss para denotar, respectivamente, o sistema de linguagem e seus usos):

> Sistemas de direito consistem em discurso. A diplomacia consiste em discurso. As crenças do grande mundo religioso consistem em discurso. E em um mundo de capacidade crescente de ler e escrever e de multiplicação das mídias de comunicação verbal – rádio, televisão, internet, propaganda, embalagens, assim como revistas e jornais –, o discurso passou cada vez mais a dominar até os aspectos não verbais de nossas vidas.

Na verdade, nós comemos discurso, bebemos discurso, olhamos para discurso, "até fazemos sexo desempenhando os discursos da ficção erótica e dos manuais sexuais", conclui Bates; e – a propósito – Lodge confirma sua observação, Riccardo, de que a "música pop sempre girou em torno de descrições do amor, ... de modo que pessoas comuns possam se identificar com facilidade com letras comuns", momento em que acrescenta que o professor Bates pôs uma referência ao sexo no seu discurso de boas-vindas aos seus estudantes de primeiro ano a fim de "captar a atenção até do estudante mais entediado e cético".

Lodge/Bates estava certo nisso – como em todas as outras partes de sua louvação à linguística. Decerto nós somos feitos por discurso e vivemos através dele. É o discurso que nos liberta; e é o discurso que estabelece os limites da nossa liberdade e nos impulsiona a transgredir e transcender os limites – já estabelecidos ou ainda a ser estabelecidos no futuro. Discurso é aquilo que nos faz enquanto nós o fazemos. E é graças ao discurso, e seu ímpeto endêmico de espreitar além das fronteiras que ele estabelece para a sua própria liberdade, que nosso estar no mundo é um processo de vir a ser perpétuo – incessante e infinito: nosso vir a ser e o vir a ser do nosso *Lebenswelt* ("mundo da vida") – juntar-se, misturar-se embora sem solidificar, estreita e inseparavelmente, entrançados e entrelaçados, e compartilhando nossos respectivos sucessos e infortúnios, ligados um ao outro para o melhor e para o pior – desde o momento de nossa concepção simultânea e até que a morte nos separe.

O que nós chamamos de "realidade" quando entramos num ânimo filosófico, ou "os fatos da questão" quando seguimos obedientemente as instâncias da *doxa*, é tecido de palavras. Nenhuma outra realidade nos é acessível: não o passado *wie es ist eigentlich gewesen* ("como ele realmente aconteceu"), o qual Leopold von Ranke celebremente conclamou (instruiu) seus colegas historiadores do século XIX a recuperar. Comentando em *Um encontro* sobre a história de Juan Goytisolo a respeito de um velho, Milan Kundera salienta que a biografia – qualquer biografia que tente ser o que seu nome sugere – é, e não poderia deixar de ser, uma lógica artificial inventada, imposta retrospectivamente a uma sucessão incoerente de imagens, reunida pela memória de partículas e fragmentos; e ele conclui que, em total oposição às presunções do senso comum, o passado compartilha com o futuro a ruína incurável da irrealidade – esquivando-se/evadindo-se obstinadamente, como ambos o fazem, das redes tecidas de palavras movidas pela lógica.[11] Não obstante, essa irrealidade é a única realidade a ser captada e possuída por nós, que "vivemos em discurso como o peixe na água".

É esta realidade irreal, irreal até demais, que chamamos de "experiência". Nós tentamos duramente, embora com sucesso apenas parcial, planar sobre a suspeita de uma falsidade à espreita no discurso da *Erfahrung* (do que aconteceu conosco); tudo o que conseguimos é admitir essa desconfiança e preocupação quando se trata de relatar uma *Erlebnis* (como vivemos aquele acontecimento). Em ambos os casos, nós nos esforçamos para romper o muro feito de palavras e passar ao país impermeável do *wie es ist eigentlich gewesen*. Paradoxalmente, porém, esse muro é interpretação: produto de um processamento que visa decifrar *Erfahrungen* e *Erlebnisse*, tornando-as, por meio disso, adequadas ao armazenamento na memória e a relatar quando solicitado, ao mesmo tempo que nos impede de agir em função de nossas suspeitas em relação ao seu valor. O muro é feito de palavras, mas este também é o caso do único aríete disponível para derrubá-lo. Para desdobrar a metáfora de Kundera, podemos dizer que romper a cortina agora rasgada revela outra cortina, ainda intacta, espessa e consistentemente compacta. A interpretação é sempre um ato de reinterpretação; a reinterpretação é sempre uma cabeça de ponte para outra reinterpretação. O que nós chamamos de "realidade", tanto *a priori* quanto *a posteriori*, só é capaz de nos alcançar nos envoltórios de pré-interpretações. Uma realidade "crua", "prístina", "pura" e "genuína" – com efeito, um *wie es ist eigentlich gewesen* não deformado – é um fantasma, embora útil, na medida em que também desempenha o papel de uma espécie de estrela de Belém, nos mostrando, habitualmente irritada pela imperfeição ofuscante da linguagem, o caminho para a perfeição e, assim, esperançosamente, para a verdade. A destinação escolhida pode não ser alcançável, mas sua visão nos incita ao movimento e a continuar nos movendo.

A experiência humana chega às mesas de trabalho de escritores e sociólogos igualmente sob forma pré-interpretada. Tanto a literatura quanto a sociologia são exercícios de "hermenêutica secundária" – reinterpretação do já interpretado. Ambas, consequentemente, precisam se engajar na busca das costuras ocultas ao longo das quais as cortinas de interpretação possam ser rasgadas, e nenhuma das duas consegue deixar de revelar novas cortinas ocultas por trás daquelas que estão desmantelando. Elas são, sem dúvida, como você sugere, "duas irmãs". Eu daria um passo a mais e sugeriria que a literatura e a sociologia não são apenas irmãs comuns, mas gêmeas siamesas – gêmeas siamesas tais que, por compartilharem seus órgãos de alimentação e digestão, são cirurgicamente inseparáveis. Como *irmãs*, nós nos inclinamos a nos engajar em rivalidades fraternais; como *siamesas*, contudo, nós somos obrigados a parar muito antes de separar nossos caminhos e estamos condenados a compartilhar os mesmos empreendimentos e a coordenar nossos movimentos.

Compartilhando nossas incumbências, não podemos evitar compartilhar também nossas preocupações, nem tampouco evitar sermos forçados a confrontar os mesmos problemas. Quanto aos problemas que compartilhamos: graças à não finalidade principal de toda e qualquer interpretação, e à friabilidade aparentemente incurável das fundações sobre as quais as interpretações repousam, elas tendem a ser tão confusas e desconcertantes quanto graves, e inteiramente infaustas quanto a facultar resoluções não contenciosas. Interpretações da experiência humana raramente são inócuas: neutras quanto aos interesses humanos e livres dos efeitos sobre a conduta humana. Raramente, se é que um dia foram, elas são seguramente garantidas contra danos colaterais. Por essa razão, elas podem ser – e, de fato, com lamentável frequência o são – desaprovadas – explicitamente rejeitadas ou abandonadas –, por mais forte que possam ser suas credenciais com base em evidência empírica – seja pelo saber "leigo", de senso comum, seja pelo conhecimento que se reivindica superior em função de sua pretensa suprapersonalidade, valor científico ou autoridade independente de valores. As soluções propostas para os problemas compartilhados são quase certamente fadadas a continuar no que Alfred North Whitehead alcunhou de condição "essencialmente contestada". Uma autoridade inquestionável universalmente reconhecida é em princípio inalcançável tanto pela literatura quanto pela sociologia: mais um aspecto do "parentesco eletivo", ou da afinidade, entre as duas abordagens à exploração do modo humano, humano até demais, de estar no mundo.

Imparcialidade, neutralidade de valor e um status de independência diante de confrontos e antagonismos de interesses e perspectivas cognitivas humanos, humanos até demais, estão decididamente para além do alcance tanto da literatura quanto da sociologia. Os estratagemas mais comumente empregados para contornar essa verdade inconveniente (a insistência em que a qualidade estética seja o único valor pelo qual os produtos artísticos devem ser avaliados, quaisquer que sejam suas consequências sociais, políticas ou qualquer outra consequência humana, intencionalmente ou por omissão – no caso da literatura; ou a insistência em que o único critério pelo qual a apresentação de realidades sociais pode ser avaliada seja apenas quão estritamente seus autores seguiram os métodos de investigação estabelecidos e profissionalmente aprovados – no caso da sociologia) podem aplacar algumas consciências culpadas e/ou ajudar os culpados a lavar as mãos de sua responsabilidade pelos resultados de seus feitos. Contudo, em vez de assegurar os dois empreendimentos contra uma ameaça real (real até demais) de consequências talvez não antecipadas, mas ainda assim profundamente danosas e mórbidas em seus produtos, eles apenas varrem o problema para debaixo do tapete, tornando sua solução ainda mais difícil – na verdade, inalcançável. As duas tentativas de desenhar e promover uma política pública que, uma vez aceita e sistematicamente aplicada, tiraria definitivamente o problema da agenda pública (decretar que a expressão e a promoção livres de visões e opiniões são uma parte inalienável dos direitos humanos universais, e o seu oposto: negar a tolerância para com os inimigos da tolerância) envolve seus autores e seguidores numa cadeia interminável de contradições; elas abrem caixas de Pandora – cada uma delas com a sua própria questão – de questões mais uma vez essencialmente contestadas e insolúveis, sempre que se tenta sua aplicação prática.

"Em abril de 2009, a PEN Slovakia, organização que faz campanha em favor de escritores perseguidos e pela liberdade de expressão, emitiu uma declaração condenando a publicação num jornal eslovaco de um poema de Radovan Karadžić", conforme informa Heather McRobie em *Literary Freedom*, publicado pela Zero Books. McRobie salienta que ambas as políticas, por mais que sejam contraditórias entre si, têm justificações válidas, e por isso devem ser desdobradas simultaneamente:

Se concebermos a relação escritor-sociedade como simbiótica, o outro lado da necessidade de "proteger o escritor da sociedade" (isto é, proteger o escritor tanto da censura quanto do tipo de autocensura esboçada por Orwell) seria "proteger a sociedade do escritor" em casos nos quais a obra do escritor pudesse causar dano tangível a grupos desfavorecidos – a saber, por meio de discursos literários de ódio.[12]

Radovan Karadžić foi formalmente acusado de incitação ao ódio racial e, de modo mais geral, de "predominância de alusões relativas à violência militarizada e ritualizada, purismo, expurgo e superioridade étnica" – o que dá base para classificar sua poesia como um caso de "discurso de ódio". No caso dele, porém, o "discurso de ódio" é associado a ações odiosas e sangrentas: um documentário dirigido por Paul Pawlikowski (*Serbian Epics*, 1992) mostra Karadžić no alto de uma colina recitando sua poesia enquanto dispara contra Sarajevo lá embaixo. É possível aplicar ambas as políticas em casos como este? Ou devemos admitir a impossibilidade de reconciliação entre elas e decidir a qual das duas deve se dar prioridade quando estão em conflito? McRobie reduz a magnitude do dilema sugerindo que apenas o "discurso de ódio", uma "incitação [explícita] ao ódio racial ... ou ao genocídio", já constitui argumento legítimo para suspender a política do direito universal de expressão, e além disso qualifica esse argumento, tornando sua legitimidade (e ilegitimidade) "contextualmente delimitada": "A ideia de contexto nos permite modificar nossa definição de discurso de ódio, o que significa que, mesmo que apoiemos censurar a arte ultranacionalista ou fascista, não precisamos censurá-la em todos os contextos." Onde se deve demarcar a fronteira, contudo? E quem tem o direito de demarcá-la? E quem terá razão ou vontade de conceder esse direito, e por quê, ou de negar o direito de estabelecer fronteiras? Na verdade, a caixa de Pandora, definitivamente, não tem fundo.

Por exemplo, como Katharine Gelber, professora do curso de Políticas Públicas na Universidade de Queensland, observa em seu artigo "We should not take freedom for granted":

Num nível muito geral, os australianos dizem acreditar que a liberdade de expressão é importante, e eles acreditam que nós temos liberdade de expressão. Quando você arranha a superfície, o consenso se fratura, e se fratura com relativa facilidade. As pessoas têm uma propensão a violar os direitos de livre expressão onde eles são importantes – no exercício real das disputas políticas e comunitárias. Há numerosos exemplos disso.[13]

E permita-me observar que, a bem da verdade, o "discurso de ódio" é um incidente relativamente raro e marginal entre os motivos para a violação do direito de expressão. Muito mais comum e potencialmente tão danoso para a liberdade humana – mesmo que de modo oblíquo, e não explícito – são as Ações Judiciais Estratégicas contra a Participação Pública: "Quando as corporações abrem ações judiciais por difamação, negligência ou perturbação contra grupos que militam contra sua atividade." Essas corporações "possuem muitos recursos e têm tempo à disposição. Elas tendem a reclamar, logo de início, vultosas indenizações por perdas e danos, às vezes de milhões de dólares ... As ações não se destinam a receber indenizações de indivíduos e grupos que tipicamente não têm dinheiro, mas a fazer calar os militantes".[14]

O que me leva, a meu ver, ao ponto crucial que clama por uma atenção particularmente intensa quando a questão é "proteger a sociedade do escritor". Essa questão tem menos a ver com casos temporalmente/pessoalmente delimitados de conflitos entre bem público e liberdade individual, por mais espetacularmente que esses casos sejam dramatizados pela mídia e por mais que se privilegie o acesso que lhes é concedido à ribalta do cenário público e, portanto, à atenção pública, do que com a erosão subterrânea, sub-reptícia, mitigada e camuflada com lamentável frequência, lenta, gradual e aparentemente inócua e imperceptível para muitos (bem como menosprezada por muitos e muitos mais) da moral pública por ideias potencialmente devastadoras para a coesão social, a tolerância e a solidariedade mútuas, a coabitação civilizada e a aceitação mútua de diferentes modos de ser humano. E permita-me declarar desde logo que uma proteção efetiva da sociedade contra tais males se torna cada vez mais uma ilusão – haja vista o acesso fácil e não controlado à arena pública oferecido pela internet e pela tecnologia informática universalmente acessível, combinado com a garantia de impunidade do anonimato de seus usuários. Sugestões de que políticas desse tipo possam ser arquitetadas e tornadas efetivas são relíquias da era dos guardiões dos portões que tomavam conta das poucas entradas disponíveis para a esfera pública – embora se tornem cada vez mais alucinatórias à medida que o debate público, cada vez mais conduzido eletronicamente, se torna uma zona de vale-tudo errático e de salve-se quem puder. Tornar o acesso à formação da opinião pública amplamente independente das políticas seletivas das grandes corporações de imprensa, rádio e TV pode ser um enorme passo na luta em prol da liberdade irrestrita de expressão (protegendo escritores da sociedade), mas torna a proteção da sociedade contra os "discursos de ódio", sua difusão e normalização, sua aceitação pública e seus efeitos repulsivos e lamentavelmente macabros um empreendimento cada vez mais condenado.

Em 8 de fevereiro de 1975, Susan Sontag publicou na *New York Review of Books* um artigo que merece ser relido inúmeras vezes, à medida que todos os fenômenos contra os quais Susan Sontag advertiu continuam tão salientes, vigorosos e tópicos – quiçá ainda mais – quanto ao se apresentarem, quarenta anos atrás, à sua autora.[15] A razão imediata para escrever o artigo foi a reabilitação súbita, e de diversos modos desconcertante, de Leni Riefenstahl, entusiasta colaboradora nazista, amiga íntima e admiradora, bem como *protégée* mimada de Hitler e Goebbels – e sua restauração à graça, à admiração e ao favor dos salões intelectuais norte-americanos, e não somente dos norte-americanos. Susan Sontag relembra a seus leitores desmemoriados que, longe de ser uma artista ingênua e inocente, acidentalmente desviada para um tipo errado de companhia (vítima de um infortúnio aparentado com aquele que incitou Lênin a descrever G.B. Shaw, dramaturgo que ele admirava, como um homem decente que se perdera entre os fabianos, cuja política ele detestava), Leni Riefenstahl já era de fato uma nazista incipiente *bien avant la lettre*; Siegfried Kracauer descreveu corretamente sua produção fílmica precedente à ascensão nazista ao poder como "uma antologia de sentimentos protonazistas". Permita-me acrescentar que Susan Sontag pôde incluir entre as razões para estar cautelosa a reabilitação sincrônica de Martin Heidegger e Carl Schmitt – e, de fato, a de Friedrich Nietzsche; aos pensamentos e feitos dos três, a fórmula de Kracauer se adapta tão impecavelmente quanto à obra de Riefenstahl. Sobre as causas espectrais e assustadoras da misteriosa ressurreição desta última, Susan Sontag opina: "Os filmes de Riefenstahl continuam a ser eficazes porque, entre outras coisas, seus anseios ainda são sentidos, pois seu conteúdo é um ideal romântico ao qual muitos continuam vinculados."

> Pensa-se, em geral, que o nacional-socialismo simboliza apenas violência e terror. Isso, porém, não é verdade. O nacional-socialismo – ou, mais amplamente, o fascismo – também simboliza um ideal, e um ideal que persiste ainda hoje, sob outras bandeiras: o ideal da vida como arte, o culto à beleza, o fetichismo da coragem, a dissolução da alienação em sentimento extático de comunidade.

Um dos "maiores temas da ideologia nazista", que vibra harmoniosamente com o espírito e o ambiente das criações de Leni Riefenstahl (e, permita-me acrescentar, também com uma mentalidade crescentemente popular, encorajada e fortalecida pela mídia e pelos mercados consumidores de nossos tempos), era "o contraste entre o limpo e o impuro, o incorruptível e o aviltado, o físico e o mental, o satisfeito e o crítico". Riefenstahl, ela própria, anunciou em sua entrevista aos *Cahiers du Cinéma*: "Sou fascinada pelo que é belo, forte, saudável, o que está vivo. Eu busco a harmonia." Não é isso que todos nós somos – e buscamos?

Acho, contudo, que algo de suprema importância está faltando nessa lista de valores e cultos que se combinam na "antologia de sentimentos protonazistas": o mito dos poderes miraculosamente enobrecedores, revigorantes e regeneradores da violência, do combate e da guerra. Embora seja verdade que o nazismo não simbolizou somente brutalidade e terror, há pouca dúvida de que a absolvição e o desatamento de um terror brutal foi uma das grandes atrações – e provavelmente a principal – que puxou a massa de humilhados, intimidados, despossuídos, incapacitados e vingativos para as suas fileiras.

Nossas irmãs gêmeas/siamesas têm, ao que parece, uma tarefa tremendamente impressionante em suas mãos. Com lamentável frequência, nós nos consolamos com o fato de que a violência simbólica hoje prevalecente, por mais imoral e cruel que seja, ainda representa um avanço bem-vindo em relação àquela que dominou o último século. Alguns psicólogos acrescentam a esse consolo garantias de que a exposição a imagens de violência descarrega (e de uma forma relativamente inócua), em vez de fortalecer, os impulsos que, por uma razão ou por outra, se acumulam com o tempo, ameaçando uma explosão carnal e muito mais sanguinária – e dá ocasião à liberação coletiva de estoques não consumidos de agressão (como, por exemplo, nos jogos da mais recente Copa do Mundo, esses carnavais festivos de combates gladiatórios "nós ou eles", que parecem seguir a receita romana antiga *Panem et circenses* para manter os plebeus, com sua energia assim drenada, mansos e obedientes em seus dias úteis). Eu me juntei aos incontáveis milhões que assistiram com a respiração suspensa aos espetáculos de violência física franca e desembaraçada – empurrar e puxar, dar rasteiras uns nos outros –, tudo seguido invariavelmente por comédias de inocência iniquamente fingida e exibições de ultraje perante falsas acusações. Eu me juntei às pessoas entretidas pela longa série de nocautes, as alegrias de nocautear e a humilhação de ser nocauteado; e achei as mensagens que emanavam dos milhões de telas de televisão em todo o mundo algo em desacordo com as mencionadas garantias. A mais óbvia das mensagens, apta a fixar-se com firmeza nos calabouços do inconsciente, bem como a encontrar seu espaço na caixa de ferramentas dos praticantes da arte de viver, seria algo como: "Vale tudo, desde que você consiga sair livre de escoriações e evitar toda e qualquer punição." Uma lição poderosa e insidiosa, sem dúvida – embora não aquela que a educação para a vida é chamada a transmitir e a dar. Nós precisamos fazer alguma coisa para impedir que o mundo que moldamos diariamente e pelo qual somos moldados seja feito de acordo com as estratégias de vida que essa lição sugere.

A cisão da parte conhecida do globo em "nós" *versus* "eles" é pelo menos tão antiga quanto a espécie humana, embora eu acredite que seja bem mais velha que isso. Contudo, a questão quem somos "nós" e quem são "eles" tem, em regra, linhagem muito menor, sendo produto de uma reciclagem cultural temporalmente delimitada da matéria durável da natureza. O produto reciclado particular que encontra sua última aplicação em 2014 nos estádios brasileiros especificamente construídos para a oportunidade foi concebido, como já expliquei em outro lugar, em 1555, em Augsburgo, com a ideia de dar fim aos massacres aparentemente intermináveis, embora cada vez mais sangrentos, das Guerras Religiosas; nasceu em Münster e Osnabrück em 1648, tendo sido batizado na ocasião de *Cuius regio, eius religio* ("De acordo com sua região, sua religião"); confirmado duzentos anos depois, no ano que passou à história como o ano da "Primavera das Nações", sob um nome ligeiramente alterado, enfiando *natio* no lugar vago de *religio*. Depois, presidindo a Conferência da Paz de Versalhes, reunida durante o intervalo de um massacre planetário de nações, Woodrow Wilson propôs um reino planetário. Quase cem anos depois, este foi reencenado diante da rede planetária de TV como uma paz de entretenimento planetário. É assim que a história de quatro séculos dessa reciclagem particular da cisão "nós" *versus* "eles", dessa narrativa cheia de sons e fúria, está prestes a terminar? Não com estrépito, mas com uma lamúria? Ou será que, com seus poderes malévolos até agora não completamente exauridos, esse produto cultural particular não se deterá à altura da sua realização até a data, medida em centenas de milhões de soldados mortos e outro tanto de viúvas e órfãos, nem concordará em apenas quebrar pernas e costelas de futebolistas "inimigos"? Será que o que vemos não passa de um exercício para manter seca a pólvora das emoções – um treinamento para grandes jogos disputados em campos de batalha mundiais, em vez de nos estádios do mundo?

· 2 ·

A salvação pela literatura

RICCARDO MAZZEO: Ontem pela manhã eu saí para me encontrar com um autor, Eraldo Affinati, cujo último livro, *Elogio del ripetente*,[1] me fez pensar em você e em algo que escreveu no prefácio ao seu livro *Danos colaterais*.[2] O tema básico era quase desconcertante, em sua óbvia transparência. Você observou várias vezes como as coisas à nossa frente muitas vezes passam despercebidas. Você escreveu:

> Quando um circuito elétrico fica sobrecarregado, a primeira peça a queimar é o fusível. ... a parte *menos resistente*. ... Uma ponte não se quebra e cai quando a carga sobre ela ultrapassa a resistência média de seus vãos: cai muito antes, no momento em que o peso da carga supera a capacidade de *uma* das pilastras – a *mais fraca*.[3]

Você explica por que engenheiros e operadores de manutenção devem estar atentos e ser exatos no projeto e na etapa de testes, pois o descuido só é visto *"depois* de acontecer o desastre, quando se trata de contar as vítimas humanas da negligência e os exorbitantes custos financeiros da restauração. Uma estrutura, porém, se destaca ... a *sociedade"*.[4]

Uma sociedade que se mede pelas médias de renda em seu interior e variáveis baseadas apenas em consumo reduzem a classe desprivilegiada a uma vida de espectadores: eles se tornam uma espécie de "corpo estranho, ... algo não diferente de um tumor cancerígeno, cujo tratamento mais sensato é a extirpação, ou pelo menos o confinamento e/ou remissão forçados, induzidos e planejados".[5]

Como escreveu Richard Sennett em *Juntos*, a maior parte desse "dano colateral" – as pessoas pobres – já está profundamente ciente de ser apenas bucha de canhão na escola, tanto mais que elas preferem se afiliar a gangues ao sucesso na escola ou no ambiente social.[6] Esses desafortunados se destacam como personagens principais no livro de Affinati. Ele é bem conhecido na Itália e foi traduzido em outras línguas (embora não para o inglês).

Affinati optou por ser transferido da escola secundária "normal" em que dava aulas para o ambiente extremamente difícil de uma escola técnica na qual os alunos estavam a apenas um passo da exclusão do sistema acadêmico. É como se ele tivesse sido afetado por seu ensinamento, segundo o qual

> a mistura explosiva de crescente desigualdade social e o volume cada vez maior de sofrimento humano relegado à condição de "colateralidade" (marginalidade, exterioridade, "removibilidade", de não ser uma parte legítima da agenda política) têm todos os sinais para se tornarem, potencialmente, o mais desastroso dos problemas que a humanidade será forçada a confrontar, administrar e resolver no século atual.[7]

Affinati sente fortemente a injustiça da desigualdade. Ele está profundamente ciente de que as escolas foram burocratizadas na medida mesma em que suas pontuações mínimas de aprovação também foram estabelecidas por critérios aplicados. Isso é muitíssimo injusto: a pontuação mínima para um estudante de boa família, em que se leem contos de fadas e as crianças crescem em meio a livros, amor e atenção, é uma realização muito menor que para uma criança que teve de lutar com unhas e dentes por tudo, cujos pais são separados, dão pouca atenção à sua prole, falam em dialeto e dão mau exemplo em seu vazio cultural. É por isso que Affinati, juntamente com outros bons professores, escolheram trabalhar com os mais fracos, os mais indefesos e os mais destituídos. Com frequência, tudo que o estudante que repetiu o ano precisa para evitar seu destino de fracasso garantido é uma simples mudança, um passo, a ideia de que existe realmente alternativa:

> Qualquer um que esteja partindo do fundo só precisa de uma pequena ajuda para começar a subir. Muitas vezes eles se recusam a se mover um centímetro que seja, mas é exatamente por isso que nós precisamos reconhecer até o menor progresso. O estudante repetente decerto não está satisfeito com sua história. ... Nós precisamos recompensar o movimento antes mesmo de ver os resultados.[8]

Affinati é filho de dois órfãos iletrados (sua mãe sobreviveu miraculosamente a um campo de concentração e seu pai era mascate). Assim, ele descobriu por si mesmo o prazer da literatura comprando livros baratos em barracas e sebos. Começou lendo Hemingway, que lhe deu o gosto pela aventura, e então foi seduzido por Tolstói e Dostoiévski. Ele considera que teve sorte, mas não pode deixar de pensar nas meninas e nos meninos destinados a levar uma vida sem pensamentos (e, consequentemente, sem liberdade de arbítrio), e compreende o quanto pode ser importante alguém atuar em favor deles.

O professor é um especialista da aventura interior, o artesão do tempo, mão que dá as cartas para a juventude. Quando o ensino é bem feito, os estudantes ficam dentro do professor e ele sempre se lembra de todos como pequenos bateristas que dão a batida no bumbo da existência. E os estudantes nunca se esquecem do professor. Eles o guardam na lembrança como se ele fosse um substituto de seus pais: um dublê que faz as cenas de ação arriscadas no lugar do personagem principal. Dizer "não" nem sempre é recebido com aprovação, mas às vezes é mais importante que continuar dizendo "sim". Hoje as crianças são abandonadas a uma dialética vazia, sem obstáculos a superar. Os professores são as únicas pessoas capazes de lembrá-las do valor de serem sérios, austeros e concentrados numa sociedade que privilegia beleza, saúde e riqueza.[9]

Inspirar o amor pelos livros aos alunos em seu ambiente parece ser uma teimosia anacrônica e irreconciliável, quase algo que envergonha todos os que se esforçam nesse sentido. É extremamente árduo e deve ser feito em condições desconfortáveis, quase dolorosas, como foi para Lorenzino, um aluno desafortunado:

> Suas primeiras leituras são como fogueiras acendidas na Antártica, elas não aquecem nem criam afinidades, extinguem-se imediatamente, deixando-o sozinho. Ele inicia a leitura de romances como se fosse o primeiro homem do planeta a fazê-lo, sem ninguém para compartilhar com ele. Os livros parecem ser diamantes brutos que os alunos repetentes guardam no bolso, tocando neles de vez em quando para garantir que ainda estão lá. Ele evita falar sobre eles com os amigos.[10]

A centelha pode acontecer depois de o aluno ou aluna serem capazes de identificar a história com uma pessoa ou uma experiência, como aconteceu com a pequena Sônia, menina polonesa cujo sorriso era tão amplo quanto sua aversão pela leitura. Depois de ouvir seu professor ler um dos *Contos de Kolimá*, "Os carpinteiros", do grande escritor russo Varlam Chalámov, e tomar conhecimento da experiência dos prisioneiros em um gulag, que tentavam calcular exatamente quanto frio fazia lá fora, ela se lembrou do avô, cujas pernas estavam sempre enregeladas durante a guerra.

O intermediário deve estar pronto para tratar os alunos como sujeitos, e não como objetos, para que eles trabalhem juntos, todos pondo a mão na massa e aceitando o risco de que as disputas se tornassem até físicas. Exatamente como Affinati, que, quando diante de uma turma que zombava dele em total desordem, foi imediatamente confrontar o líder, ou como o papa Francisco quando era arcebispo em

Buenos Aires, que ia frequentemente às favelas, conhecidas como *villas miseria*, sozinho, sem ser anunciado e a pé, para conversar com seu povo.

Ramón Antonio García é uma das muitas pessoas invisíveis em Buenos Aires. Ele sobrevive dirigindo um *remis*, um carro velho que se torna táxi assim que é chamado. Ele presta serviços aos poucos aventureiros que queiram fazer uma turnê pelas favelas que circundam a cidade. ... Geralmente são jornalistas ou turistas que esperam dar uma olhada nas áreas mais duras e obscuras de Buenos Aires. Eles chamam García porque é muito arriscado entrar numa *villa* sem estar acompanhado. "É que aqui", diz ele, "a vida tem pouco valor e sempre tem alguém disposto a matar por um punhado de pesos." Foi por isso que García ficou sem palavras ao ver Bergoglio. Ele não sabia que o cardeal arcebispo de Buenos Aires atuava daquela maneira.[11]

O papa Francisco também foi professor. Nos anos 1970, ele trabalhou numa faculdade, onde esteve por trás da formação de uma banda que tocava canções dos Beatles e deu oportunidade às mulheres de tomar parte em eventos teatrais ali organizados; ele também iniciou um curso de escrita criativa com Jorge Luis Borges. Isso mostra como a literatura pode realmente ser o caminho da salvação.

ZYGMUNT BAUMAN: "O professor é um especialista da aventura interior, o artesão do tempo, mão que dá as cartas para a juventude." Como é bonita a maneira como você formulou, como é vívida e acurada. Acerta na mosca, com certeza.

Quais são, porém, as cartas que o professor ou a professora dão à juventude? Essas cartas são, como diriam Amartya Sen e Martha Nussbaum, "competências":[12] aptidões e tendências que constituem as condições necessárias, e talvez suficientes, para uma vida decente e digna, produtiva e gratificante – como, por exemplo, entre outras, sensibilidade (olhos e ouvidos bem abertos para as visões e sons do mundo, para aquilo que ele pode oferecer, para os outros que nele habitam, para aquilo que eles podem oferecer e para o que eles necessitam a fim de serem capazes de cumprir suas promessas); imaginação e pensamento (acima de tudo, a habilidade de desdobrar a ambos, discernir entre opções e escolher entre elas, bem como juntar determinação bastante para se ater a essas escolhas e mantê-las, agir sobre elas e persistir até completá-las); emoções (capacidade de amar e de se preocupar com o outro, ao mesmo tempo que se ressente e luta contra os males da indiferença, a conspurcação, o malefício, a degradação, a negação da dignidade e a humilhação); razão prática (aptidão para visualizar um modelo de qualidade de vida, assim como reunir determinação para se dedicar à sua realização); sociabilidade e as habilidades e a vontade de associação (o know-how necessário para compartilhar a vida com outros e para viver a sua própria vida tendo o bem-estar dos demais em mente – o desejo e a vontade de compreender as necessidades, os valores e as atitudes uns dos outros, e disposição para negociar um *modus vivendi* mutuamente satisfatório, assim como para aceitar as autolimitações e os autossacrifícios que esse *modus* pode demandar).

Os "elos mais fracos" da sociedade – que, sob esse mesmo rótulo, os programas imensamente populares de perguntas e respostas na TV recomendam aos milhões de espectadores viciados desqualificar, eliminar e excluir do jogo, mas a quem Affinati escolheu ensinar – sofrem com a falta dessas competências e com a ausência de oportunidades para delas se apropriar. Assim, eles não têm o que pode ser chamado de "metacapacidade": a capacidade de ter acesso a outros e o desejo mesmo de ter esse acesso. Na maioria dos casos, esses "elos mais fracos" não têm consciência de sua perda, não havendo nenhuma oportunidade para sopesar o valor de experiências que não tiveram. O que eles ouvem nos alto-falantes públicos da nossa sociedade de consumidores de casca endurecida e sem coração, e de outros residentes dos "bairros ruins" (espaços em que eles foram jogados e os únicos em que lhes é permitido morar) – de pessoas já seduzidas pelo canto de sereia que divulgam –, é apenas e tão somente a mensagem "Queira, queira, queira!", "Compre, compre, compre!", "Descarte, descarte, descarte!": chamado, tentação, fraude e comando combinados numa coisa só. Conforme observei três anos atrás, na sequência dos distúrbios em Londres dos desqualificados, frustrados e magoados "consumidores imperfeitos" do bairro pobre e dilapidado de Lewisham:

> Do berço ao túmulo, nós somos educados e treinados a tratar lojas como farmácias repletas de remédios para curar ou pelo menos mitigar todas as doenças e aflições de nossas vidas particulares e de nossas vidas em comum. Lojas e compras adquirem, por conseguinte, uma dimensão escatológica. Supermercados, como disse notavelmente George Ritzer, são os nossos templos. ... Eu compro, logo existo. Comprar ou não comprar, eis a questão. ... Para os anatemizados, considerados culpados e por isso banidos da Igreja dos Consumidores, eles são postos avançados do inimigo, erigidos na terra do seu exílio. Esses bastiões pesadamente guardados barram o acesso aos bens que protegem outras pessoas de destino semelhante. ... Grades e anteparos de aço, câmeras de circuito fechado, seguranças uniformizados estão de guarda na entrada; outros, à paisana, infiltrados no interior, só fazem aumentar a atmosfera de campo de batalha e de hostilidades.[13]

Altos, sonoros e vibrantes, os sinos tocam dia após dia nos campanários dos templos consumistas. Protetores de ouvido não vão ajudar: não há como se esconder do clamor estontante. Os sineiros não são em particular criteriosos em suas escolhas – o que se pretende e se espera dos sinos é que atraiam peregrinos das calçadas da vida (sem dúvida a única igualdade concedida, indiscriminada e sinceramente, à condição de todos os cidadãos da nossa sociedade de consumidores). Mas dentro do templo não há nenhum altar, nem sequer um modesto rosário dedicado à glória das competências de Sen/Nussbaum. Aos que procuram capacidades faltantes, *lasciate ogni speranza, voi ch'entrate* ("deixai toda esperança, vós que entrais") – mas de maneira nenhuma desistais de visitar ou de se esforçar bravamente para obter permissão para entrar. Visitar o templo é uma obrigação, não um direito que a pessoa é livre para colher ou deixar a esmo. Se não passar no teste, ficando aquém de se desincumbir bem de seu dever de consumidor, você pode ter a entrada recusada pelos anfitriões e pelos guardas por eles contratados, mas ninguém tem o direito de optar por não se desincumbir do serviço por vontade própria, nem ao menos de tentar fazê-lo com determinação. Quem Affinati escolheu para ensinar foram os hereges da Igreja dos Consumidores – ainda que não por escolha própria, mas pelo veredicto da Santa Inquisição que supervisiona a integridade da Igreja.

No primoroso filme de Vittorio de Sica *Milagre em Milão*, de 1951, uma velha e sábia senhora de bom coração, Lolotta, encontra o pequeno Totó em sua horta de repolho e o coloca num orfanato. Em seu aniversário de dezoito anos, deixam o rapaz sair e ele se junta aos ocupantes sem teto empobrecidos e abandonados num terreno precário, dilapidado e desolado perto de Milão. Lolotta lhe oferece um presente extraordinário: uma pomba mágica capaz de atender a qualquer pedido que lhe fizessem. Totó – uma criatura bondosa e compassiva – convida seus companheiros a apresentar seus pedidos. O que decorre, contudo, é o espetáculo repugnante de uma competição para "levar vantagem" (marcar mais que o placar alcançado pelos outros); cada indigente pede mais um ou dois casacos de pele do que o que havia sido atribuído ao precedente imediatamente antes: o que quer que você tenha ganhado, eu quero ganhar mais. Quando uma imensa jazida de petróleo é acidentalmente descoberta no terreno, os ocupantes são cercados, capturados e presos, a fim de abrir espaço para um poço petrolífero. Aí um milagre de verdade – finalmente – acontece: para evitar a prisão e simultaneamente escapar da sua própria ganância, a qual – de modo frustrante – fracassara em torná-los mais felizes, os ocupantes montam em vassouras que os varredores de rua da cidade tinham lhes emprestado e fogem. Para onde? Bem, encontrar uma destinação e alcançá-la há certamente de ter sido a parte mais complicada do milagre.

O que tudo isso quer dizer é que, no tipo de sociedade hoje prevalecente, as probabilidades estão estabelecidas contra a aquisição, o controle e o desdobramento de competências cuja posse, combinada com a capacidade de utilizá-las, é, como argumentam convincentemente Sen e Nussbaum, indispensável para uma vida humana digna e gratificante. As probabilidades também são contrárias a uma distribuição justa dessas competências. Eu sugeriria que a desigualdade ostensiva na distribuição desses bens específicos constitui, hoje, a base da desigualdade social em todas as suas outras dimensões. As cartas que o seu professor ideal deveria dar, ou estaria destinado a fazê-lo, independentemente de outras considerações, estão em falta. Não obstante, bens como competências deveriam, por sua natureza, estar isentos do jogo de oferta e procura: afinal, eles tendem a expandir com o consumo, em vez de se retrair. Como diz um velho, ainda que agora quase esquecido, ditado americano: se eu lhe der um dólar e você me der um dólar, nós teremos um dólar cada; se eu lhe der um pensamento e você me der um pensamento, cada um de nós terá dois pensamentos. A síndrome consumista correntemente dominante, auxiliada e incitada pelos mercados competitivos em seu trabalho de fortificar a estratégia de vida de levar vantagem em tudo, conseguiu, entretanto, transformar sua aquisição e seu domínio num jogo de soma zero.

Eu concordo que esse professor seja capaz (verossimilmente, se tentar com esforço) de promover as competências humanas, humanas até demais, sob as circunstâncias menos auspiciosas e absolutamente hostis. Ele pode até prosperar em alguns casos. Muitos Lorenzinos esperam ser encontrados em todos os tipos de "bairros ruins", guetos urbanos, *quartiers* e favelas, mesmo que nunca tenha lhes ocorrido sonhar ser encontrados por seres semelhantes a Affinati. Mas quantos? E por que tão poucos e infrequentes, invariavelmente? O lugar atribuído aos Lorenzinos deste mundo, em sociedades afligidas por desigualdade ostensiva e multidimensional, não determina o seu destino, mas manipula, insofismavelmente, a probabilidade estatística de suas escolhas e chances de sucesso. Quanto mais Affinatis à nossa volta, mais Lorenzinos serão provavelmente encontrados, encorajados e ajudados a se erguer de seu cruel destino. Mas há limites para o que os Affinatis podem fazer, se eles se confinarem e limitarem os seus cuidados à busca de soluções individuais para problemas socialmente produzidos e incessantemente reproduzidos. Para exceder esses limites, Affinati precisaria da pomba mágica de Totó.

Sim, nós podemos buscar individualmente, e individualmente encontrar salvação na literatura, ou num filme, uma canção, uma pintura – todas essas criações que nós abarcamos sob o nome de "arte", no sentido de obras da imaginação, capazes em seu voo – exatamente como os ocupantes empobrecidos e indolentes de Totó – de deixar para trás as duras realidades de seu lar sem teto – aquele deserto desolado confiscado em vista de um poço de petróleo. Mas para que efeitos práticos?

· 3 ·

O pêndulo e o centro vazio de Calvino

RICCARDO MAZZEO: Em *Para que serve a sociologia?*, você explica que as fases da pré-modernidade (ou o *Ancien Régime*), da modernidade e da modernidade líquida dos dias atuais não são, na realidade, elementos autocontidos, haja vista o incessante despontar de uma ou de outra dessas tendências testemunhar pela sua coexistência.

Trabalhando na área da educação, uma observação me veio à mente, sobre a imensa teoria de Jean Piaget, que foi a *passagem* claramente demarcada de cada fase no processo de desenvolvimento da criança. Em Jerome Bruner, são definidos avanços semelhantes e deslocamentos do eixo de aprendizado – entretanto, a mudança na nova fase não é radical a ponto de *eliminar* todos os modos anteriores de aprendizado. Em Sigmund Freud também, além disso, embora seja verdade que a fase oral é seguida pela fase anal e, depois, pela fase genital – a mais madura –, os impulsos *orais* e *anais* continuam a coexistir durante toda a extensão da vida do ser humano. Contudo, agora você me faz pensar que o que acontece num nível psicológico também acontece a partir de uma perspectiva sociológica, e se eu não tivesse lido o que você escreveu esse pensamento nunca teria cruzado meu espírito. Em *Para que serve a sociologia?*, quando Keith Tester e Michael Hviid Jacobsen[1] lhe perguntam até que ponto a nostalgia é relevante para você, você diz que o progresso das coisas no mundo não é linear, mas se move como um pêndulo, visto que algo que tenha existido antes está necessariamente ausente em todo novo estado de coisas, e só se percebe que está ausente à *fait accompli*, uma vez que a mudança tenha ocorrido. Não estamos lidando, consequentemente, com um sentimento de nostalgia atinente ao que não existe mais e nós lamentamos, mas sim atinente ao fato de que, por um lado, nós só o percebemos *ex post*, e, por outro lado, porque há uma perfeita construção definitiva condenada a permanecer para sempre ilusória e em estado de vir a ser, com inescapável hibridismo e amálgama. E é por essa razão, como você escreveu em sua conversação com Keith Tester, há treze anos, que gostava muito do "chiste de Lyotard: não se pode de fato ser moderno sem antes ter sido pós-moderno".[2]

A filha de Raymon Aron, a socióloga (e cientista política) Dominique Schnapper, evocou em seu último livro os riscos que o *Homo democraticus* está correndo em sua versão fundamentalista de "democracia extrema", que aspira ao bem-estar ilimitado, a ponto de querer escolher as regras às quais a pessoa deve estar submetida, mesmo em esferas institucionais como a escola e a Justiça.[3] Eu não estou falando sobre as (terríveis) leis *ad personam* que Silvio Berlusconi talhou para si mesmo, mas sobre um criticismo radical irrestrito e excessivo, como o do Movimento 5 Estrelas, que se tornou viral na internet. Nós estamos lidando com uma histeria generalizada, a qual, com o desaparecimento de todo tipo de *Gemeinschaft* ("comunidade"), capaz de estabilizar a liberdade individual em relação àquela de outros membros da comunidade – e com o desaparecimento também da *Gesellschaft* ("sociedade"), pela metáfora fortuita de uma sociedade *imaginada* em termos de comunidade, mas experimentada sem se considerar uma comunidade real e verdadeira de indivíduos –, deixa as pessoas impotentes e, ao mesmo tempo, em contraste fabricado, indiferentes.

O livro de Dominique Schnapper parece ecoado por *O fim do poder*, de Moisés Naím.[4] Ele fala de micropoderes cada vez mais capazes de se opor a poderes maiores, especialmente graças à internet. Marco Belpoliti fala de "rebeldes, partidos políticos periféricos, startups inovadoras, jovens carentes de líderes políticos, novas mídias e figuras carismáticas que parecem ter brotado de lugar nenhum, derrubando a velha ordem". E depois há Beppe Grillo, Davide Casaleggio e o 5 Estrelas e o Wikileaks de Assange. Isso me faz lembrar um artigo de Italo Calvino publicado no *Corriere della Sera* quarenta anos atrás, que acabava com as seguintes palavras: "A sociedade moderna tende a uma configuração extremamente complicada, que gravita na direção de um centro vazio, e é nesse centro vazio que todos os poderes e valores se juntam."[5]

Eu acredito ter ouvido nessas palavras um eco da sua descrição das escalas locais de que os poderes globais necessitam para se reabastecer, e do redemoinho de influências que se entrecruzam sem que sejamos capazes de estabelecer previamente que fonte pequena ou grande vai exercer mais influência na construção do novo e cada vez mais precário equilíbrio.[6] E um "centro vazio" é igualmente evocado numa passagem de suas conversações com Keith Tester:

> Suponho que o perigo que deveremos enfrentar no século XXI não será a coerção totalitária, a principal preocupação do século XX, mas o colapso das "totalidades" capazes de assegurar autonomia à sociedade humana. ... Com uma sabedoria retrospectiva, agora estamos dolorosamente conscientes dos perigos da "totalidade" ilimitada e possuída de uma fúria assassina.[7]

ZYGMUNT BAUMAN: Toda e qualquer variedade de desenvolvimento, ou de vir a ser, é uma massa confusa de continuidade e descontinuidade. Todo instantâneo de uma entidade em desenvolvimento/gestação é um palimpsesto de muitas camadas, bem poucas das quais – se é que alguma – completamente apagadas ou extintas; a maioria ou foi toda encoberta e oculta sob uma camada subsequente de pintura ou ainda transluz sob outra pincelada; algumas delas podem ter mudado de lugar e sido incorporadas a uma composição diferente, ou guardadas numa espécie de "inconsciente" freudiano – correntemente invisível (implicando momentaneamente), ainda em princípio recuperável. Isso se aplica tanto aos fenômenos macros quanto aos micros. O entrelaçamento é tão denso e compacto que, em regra, localizar a cesura que justifica o veredicto de descontinuidade é "essencialmente contestado"; sua aceitação é, em última instância, uma questão de convenção, sempre aberta a questionamento e revisão.

Eu creio que o abandono da velha ideia de oposição principal e não mitigada entre continuidade e descontinuidade foi outro divisor de águas fundamental na história da percepção humana do mundo – o que foi descrito por Ilya Prigogine em seu memorável estudo/manifesto sob um título que diz tudo: *O fim das certezas*. "A ciência clássica enfatizava a ordem e a estabilidade; agora, em contraste, nós vemos flutuação, instabilidade, escolhas múltiplas e previsibilidade limitada em todos os níveis de observação."[8] Na visão clássica, "leis da natureza expressam certezas. Quando estão dadas condições iniciais apropriadas, podemos predizer com certeza o futuro, ou 'retrodizer' o passado. Uma vez que se inclua a instabilidade, já não é mais isso, e o significado das leis da natureza muda radicalmente, pois elas passam então a expressar possibilidades ou probabilidades"; "a ciência não é mais identificada com certeza, nem probabilidade com ignorância".[9]

Para dizer isso tudo numa perspectiva leiga de senso comum, podemos falar que o palimpsesto em questão é uma impressão multicamadas nem tanto de leis imutáveis em operação, mas de escolhas feitas entre possibilidades; se tivermos a sorte de possuir muitos casos disponíveis para escrutínio, ela pode ser lida tão bem quanto a evidência de uma distribuição de probabilidades estatisticamente exprimível. Contudo, sempre há um empecilho. Com essa nova percepção, "a equivalência entre os níveis individual e estatístico decerto é rompida"; "a generalização de dinâmicas (de agregados) ... não pode ser expressa em termos de trajetórias (individuais)". Trajetórias individuais "são resultados de processos estocásticos, probabilísticos".[10]

A dificuldade que encontramos ao tentar separar elementos de continuidade e de descontinuidade no fluxo sem emendas do tempo é ademais exacerbada pela dificuldade de separar resultados de processos de probabilidades daqueles de caráter determinista. Num modo antes impressionista, eu sugeri uma análise bifatorial da trajetória de vida individual:[11] destino (ou o que "acontece conosco" sem consultar nossas preferências), fator responsável por estabelecer o alcance de opções realistas; e caráter (o que é, intencionalmente ou por omissão, de nossa feitura), fator responsável pela seleção entre opções – admitindo, entretanto, a quase impossibilidade de separar com clareza os dois fatores, intimamente entrelaçados e interativos.

Piaget elaborou sua teoria das fases de desenvolvimento ainda na era da busca de "leis naturais enunciadoras de certezas" – mais essencialmente, uma era de construção de "tipos ideais" que pudessem ser representados como inequivocamente uniformes e universais: traços que não podiam ser encontrados em forma analogamente "pura" nos objetos do mundo empírico – mas só nas suas idealizações, abstraídas de seus ambientes naturais. Por exemplo, buscando compreender por que cabeças influentes insistiram por tantos séculos em supor que o tempo físico fosse reversível, já que, como sabemos, são os processos tempo-irreversíveis que prevalecem no Universo, Prigogine salienta que o pêndulo – este exemplo supremo do tempo reversível dos físicos e fenômeno sobre o qual repousava a hipótese de reversibilidade do tempo – é meramente uma entidade imaginada que não tem referentes no "mundo real": uma hipótese que só poderia ser evocada num mundo imaginário no qual a fricção tenha sido suspensa ou do qual fosse inteiramente eliminada. O destino do "mundo real", entretanto, fator que estabelece as condições para a atividade de escolha/seleção do caráter para produzir uma trajetória de vida como efeito combinado de ambos, também é temporalmente delimitado: sujeito de processos "tempo-irreversíveis". Algumas possibilidades se tornam menos "realistas" e por isso menos aptas a serem selecionadas, de modo que é razoável supor que a distribuição de probabilidades alterará seu formato; supor o contrário seria prognosticar uma persistência infinita do pêndulo sem fricção em repetição monótona da mesma sequência de movimentos.

Porém, estariam as crianças investigadas por Piaget no mesmo estado (isto é, situadas no mesmo agregado de circunstâncias) em que estão as coortes de crianças que hoje chegam às escolas para serem educadas? Como terão as "fricções" desviado os movimentos do pêndulo de seu modelo idealizado alterado desde que Piaget completou sua pesquisa?

Eu não teria a pretensão de compor uma guinada exaustiva de alterações; por isso, aqui está – apenas umas poucas delas, escolhidas aleatoriamente, embora com um olho naquelas que provavelmente tenham feito muitas alterações na dialética de destino e caráter, bem como na natureza de cada um de seus dois fatores.

Para começar: conforme observado por Arlie Russell Hochschild, uma pesquisadora incansável da mudança contínua das condições sob as quais se formam as identidades contemporâneas, "a porcentagem de bebês nascidos de mães solteiras alcançou (nos Estados Unidos) os 40% em 2011, e estudos revelam que metade das crianças norte-americanas passa pelo menos parte da vida em domicílios monoparentais".[12] Nada mais natural, considerando que, "em 1900, cerca de 10% dos casamentos acabaram em divórcio, ao passo que hoje, para os primeiros casamentos, as chances são de 40 a 50%", enquanto segundos e terceiros casamentos são mais frequentes e acontecem mais depressa. Por conseguinte, a perspectiva modelada pelo destino – ou, nesse caso, uma fase temporalmente delimitada de processos culturais irreversíveis, nos quais os objetos do estudo de Piaget "se desenvolveram psicologicamente" – mudou quase que além da possibilidade de reconhecimento. Assim, as crianças que ficam por sua conta, sozinhas em casa, em famílias em geral esvaziadas de adultos (uma parcela crescente das crianças norte-americanas) são candidatas a desenvolver o que Arlie Hochschild chamou de "eu terceirizado": um tipo de eu de retalhos composto por serviços (sobretudo compráveis) oferecidos por conselheiros versados, especialistas em praticamente todos os aspectos da vida. Desde a mais tenra idade, as crianças tendem a adquirir e expandir sua dependência de instruções do mercado, esperando ali encontrar os bens necessários para a vida e receitas prontas para seu uso. A autoridade do conselho/orientação disponível no mercado tende a ser medida por seu preço corrente de mercado. "As maiores inovações", sugere Arlie Hochschild, "são os serviços que alcançam o âmago de nossa vida emocional, um reino que antes se protegia mais do mercado." O mercado "invadiu a nossa própria compreensão do eu. Na mercantilização da vida pessoal, atos que outrora foram intuitivos ou comuns – decidir com quem se casar, escolher o nome do seu recém-nascido e mesmo descobrir o que se deseja – agora exigem a ajuda de especialistas remunerados"; "a experiência pessoal pode se tornar uma coisa que nós compramos – o encontro 'perfeito', o aniversário 'perfeito', o casamento 'perfeito' –, desconectada do nosso papel em sua criação".[13] Em consequência, a autoconfiança, a autonomia pessoal e o uso de uma gama ineditamente ampla de liberdades individuais só podem sofrer.

Outro território de vastas e rápidas mudanças: na época da internet, da rede mundial e dos websites "sociais", com os membros da geração jovem passando, espiritual e/ou corporalmente, a metade de seu tempo acordados – se não mais – na companhia de telas de computador e afins, e não de seres humanos, a maioria das ações de socialização tende a se deslocar da categoria face a face e olho no olho para o eletronicamente mediado. Esse deslocamento só pode ocorrer em paralelo à decadência das habilidades de socialização, indispensáveis para o modo especificamente humano, humano até demais, de estar no mundo. Redes on-line diferem de comunidades off-line pela facilidade, bem como pelo modo livre de inconveniências e desconfortos, de sua operação; pela mesma razão, entretanto, os laços humanos estabelecidos e sustentados eletronicamente são notáveis pela fragilidade, enquanto os mestres da composição de tuítes e de trocas de mensagens deverão se tornar crescentemente ineptos na arte – tão difícil quanto imperativa – do diálogo.

· 4 ·

O problema do pai

RICCARDO MAZZEO: A maneira como a figura do pai mudou no mundo atual foi explicada com grande persuasão pelo psicanalista Massimo Recalcati, que, inspirando-se nos ensinamentos de Jacques Lacan, descreveu a "evaporação do pai" em livros como *Cosa resta del padre? La paternità nell'epoca ipermoderna*, *Il complesso di Telemaco* e *Patria senza padri*. Eu já lhe expliquei isso em *Sobre educação e juventude* e tenho certeza de que retomaremos o debate posteriormente, mas aqui gostaria de chamar sua atenção sobre quanto o velho modelo do pai como figura de autoridade agora pouco sobrevive, ele está à espreita, despercebido, esquecido, em pais que são fracos, infantilizados ou ausentes. Essencialmente, o que resta dos pais de tempos atrás – cruéis, talvez, mas presentes – nos pálidos inadaptados que se tornaram os pais de hoje?

Um grande psicanalista junguiano, Luigi Zoja, tentou explicar o fenômeno em seu livro mais importante, do meu ponto de vista, *Il gesto di Ettore*,[1] e ele o faz baseado na bem conhecida humilhação a que foi submetido o pai de Freud, quando não teve coragem para enfrentar o adversário que jogara seu chapéu de pele na lama, e as consequências desse episódio para Sigmund. O pai da psicanálise só entendeu e perdoou seu pai depois de ler a *Eneida* e compreender as razões de Eneias para pôr a continuidade da família e de seu

povo antes da honra de se defender em batalha. Ele ficou grato a Virgílio por tê-lo levado a fazer as pazes com o pai, e por isso começa *A interpretação dos sonhos* com um verso da *Eneida*.*
O problema é que, enquanto a mãe que se deixa humilhar nunca será rejeitada por seu filho ou filha, se o pai se deixar insultar ele pode ouvir de seu filho ou filha que "não está se comportando como pai", e que a criança necessita sentir que "seu pai está perto dela não só com imparcialidade e amor, mas também com força: pois as relações na sociedade são feitas não só de amor, não só de justiça, mas também de força bruta":[2] "A tradição ocidental prefere frequentemente um pai injusto que seja um vencedor para o resto do mundo a um pai justo considerado perdedor: este paradoxo é bem conhecido por Shakespeare, que criou em *Rei Lear* o protótipo do pai rejeitado quando perde sua força e seu prestígio."[3]

Uma das consequências do movimento de 1968 foi o enfraquecimento da agressividade dos pais: o modelo do pai autoritário foi questionado por aquela geração e, por conseguinte, os pais sentiram que tinham de deixar de lado sua agressividade tirânica com os filhos, optando por uma abordagem de amigo gentil e compreensivo. Nós também vimos, porém, como os filhos de pais fracos tendem a procurar figuras paternas fortes entre os valentões da vizinhança:

> A figura do pai autoritário foi democratizada, e sua força foi de muitas maneiras dissolvida; mas nosso subconsciente não pode eliminar em poucas gerações o que o dominou por milênios. Apesar da falta de pais, apesar de provavelmente estar em transição para uma nova ordem, pelo menos subconscientemente, a sociedade ocidental continua a ser uma sociedade patriarcal.[4]

Em *A Natural History of Evil*,[5] você salientou como indivíduos ou populações atingidos por catástrofes terríveis recebem ajuda, a qual, contudo, não é propensa a estender-se no tempo: se as condi-

---

* *Flectere si nequeo superos, acheronta movebo*: "Se não posso mover os céus, moverei o inferno." (N.T.)

ções aflitivas duram demais, os outros se afastam das vítimas com uma espécie de irritação que vai se tornando paulatinamente menos oculta; e, quanto à figura do pai, "é difícil superar a repulsão que os perdedores incitam, especialmente quando eles também perderam sua dignidade".[6]

No entanto, como essa autoridade paterna foi conquistada, antes de a perdermos? Zoja fala a respeito do arrebatamento que os seres humanos primitivos exibiam ao enfrentar animais, o qual se tornou maior e maior, continuando sua viagem de descoberta até que "a psique realmente se expandiu e imitou a natureza, à qual estava se sobrepondo; aí ela escolheu conter-se, instaurando um mecanismo de equilíbrio interno; depois, ela assumiu as duas tarefas, a do rio e a da margem".[7] Sua atividade sexual era excessiva, mas, precisamente porque os jovens humanos eram os mais indefesos, a família monogâmica surgiu muito tempo atrás para protegê-los.

> Os polígamos anulavam reciprocamente as características genéticas inatas um do outro e, mesmo quando sobreviviam, corriam o risco de serem expulsos de suas comunidades por serem violentos demais.
> Os outros, entretanto, eram os futuros dominadores do Universo, porque tinham sido capazes de suprimir a gratificação imediata dos instintos – o instinto agressivo voltado para os rivais, o instinto sexual voltado para as mulheres – em favor de uma vida planejada: mais plena, embora não imediata. Este é um pedestal das qualidades paternas.[8]

Essa habilidade de juntar forças morais – adiando fruições em favor do sacrifício necessário para construir e consolidar o bem-estar de uma família e de um país – com as forças materiais a serem utilizadas contra os inimigos chegou a seu auge com os bem conhecidos "puritanos" louvados por Max Weber, sobre os quais você escreveu páginas memoráveis em *Legisladores e intérpretes*.[9]

Você dedica grande parte desse livro ao reconhecimento do Iluminismo como época em que os intelectuais ainda mantinham seu papel de "legisladores", ditando a agenda aos "déspotas esclarecidos", e não haviam se reduzido ao papel de "intérpretes", num ambiente multifocal em que abundam teorias – algo que hoje ainda é verdade –, sem que nenhuma delas prevaleça tempo suficiente para serem consideradas "a verdade". Hoje, há "verdades" que competem umas com as outras, e Zoja observa como a crise de autoridade começou com o Iluminismo. É um fato curioso que ambos os arautos da Revolução Francesa, Voltaire e Rousseau, tivessem relações complicadas com os respectivos pais: o pai do primeiro o renegou, e o pai do segundo não foi capaz de ser um pai de verdade para os filhos:

> No comportamento de um indivíduo simbólico, uma imagem coletiva está oculta. A dádiva do pai sempre foi o reconhecimento público de seu filho ou filha; a outra possibilidade era a renegação, mais uma vez nas mãos do pai. Voltaire procurou uma alternativa real: se reconhecimento ou renegação é uma escolha, ela também pode vir do filho ou da filha.[10]

Assim, enquanto na Paris do século XVIII as mulheres mais progressistas se emancipavam da condição de serem mães "clássicas", deixando os filhos com as babás e mergulhando em leituras e salões, "Voltaire lutava com o pai que tinha no mundo externo e rompia com ele; e Rousseau, com o pai que tinha dentro de si".[11]

Assim, desde aquele momento, a crise da figura do pai continuou a se agravar: com a industrialização e a transição do pai camponês – que, apesar de tirânico, estava bem enraizado em seu papel – para o pai trabalhador de fábrica – que, juntamente com a proximidade, também perde sua forte influência sobre as crianças, as quais, em retorno, o veem voltar para casa embriagado ao anoitecer e o observam esgotado diante de uma TV aos berros – e finalmente para o pai atual, cuja autoridade está ainda mais erodida. "Mais ricos de objetos e mais pobres de psicologia, nós não compreendemos que um mistério possa fazer mais sentido e ser mais intenso que sua solução. Os homens renunciaram como pais ao recusarem a dimensão simbólica."[12] Por isso, no mundo maternal em que vivemos, onde buscamos a salvação em gurus ou em consultórios de psicoterapeutas, uma fissura ou abismo aberto perdura em nossos filhos:

> Nós não podemos excluir o fato de que, exatamente como procuramos a ditadura porque estávamos ávidos de uma figura paterna, nossa busca de pai inclui uma saudade secreta da ditadura. A insegurança que hoje nos leva a procurar uma figura paterna é todavia parente psíquica daquela que nos levou aos tiranos.[13]

No final, a prova dos noves das reflexões de Zoja está na suposta autonomia da "democracia direta" do Movimento 5 Estrelas, da qual o ditador absoluto Beppe Grillo expurga todo e qualquer um que se abstiver da obediência absoluta. Qual a sua opinião sobre isso?

ZYGMUNT BAUMAN: Suponho que Lacan e Calvino (como Nietzsche meio século atrás, ao anunciar a morte de Deus) estivessem tentando penetrar a essência do mesmo processo, só que usando diferentes entradas e relatando suas descobertas em idiomas diferentes. Esse processo significa, para nos lembrar de Calvino, ser puxado pela força centrípeta do sorvedouro da contemporaneidade para um centro entremeado de cadáveres dos muitos que no passado quiseram ali se instalar – mas, não fosse por isso, vazio. O cadáver que chamou a atenção de Lacan foi o da figura de proa do Pai; para Nietzsche, foi o Pai de todos os Pais – Deus; para inúmeros outros, a Pátria.

Deus, Pai, Pátria são nomes diferentes dados a uma totalidade maior que a soma de suas partes (individuais) – o Leviatã de Hobbes, a sociedade de Durkheim, o Rei de Carl Schmitt. Schmitt se mostrou o mais perceptivo e sóbrio entre eles ao dar à sua obra-prima o título de *Teologia política* e ao definir a figura do Rei nem tanto por sua prerrogativa e capacidade de fazer leis, mas pela inimputabilidade em caso de quebra da lei que baseia ambos os atos – fazer leis e quebrá-las – somente em sua decisão; no último caso, o soberano é aquele que não deve aos súditos de seu governo nem desculpas nem sequer explicações para suas atitudes. É essa liberdade de decisão absoluta – irrestrita e inquestionável – que torna todos nós, seus súditos, dependentes de suas escolhas, e somente de suas escolhas – por definição, imprevisíveis e em nenhuma hipótese administradas por nós. Como aprendeu Jó de maneira inflexível: "Sei muito bem que é assim: poderia o homem justificar-se diante de Deus? Se Deus se dignar a pleitear com ele, entre mil razões não haverá uma para rebatê-lo" (Jó 9:2-3).

Paradoxalmente, contudo, talvez "o temor e o tremor" engendrados – como diria Søren Kierkegaard – pela confrontação com um poder tão absoluto, subjugador e dominante, inescrutável e incalculável, seja um estratagema cultural engenhoso e efetivo, capaz de tornar suportável – com efeito, vivível – uma vida vivida diante de um destino tão obstinadamente impenetrável. Em vez de exacerbar, isso mitiga os terrores incuráveis do desconhecido. Deus-Pai-Rei vê mais longe e ouve mais que eu; não só ele sabe o que o futuro reserva, como também o torna maleável – sendo capaz de mudar seu curso livremente. Ele é onisciente e onipotente; se desiste de fazer o que eu muito gostaria que fosse feito, deve ser porque sabe o que eu, com minhas antenas e minha razão inferiores, não sei e não compreenderia, se soubesse – por exemplo, que o fazer engendraria mais infortúnio que benefício. Afinal, não há passo que ele seja incapaz de dar se assim o decidir. Perceber a sua própria onisciência e onipresença deve ser tranquilizador: pode resultar numa autoconfiança do tipo "nele eu confio" – ainda mais porque as prerrogativas decisórias de Deus-Pai-Rei vinham num pacote suplementado com instruções detalhadas sobre como conquistar seus olhos e merecer sua benevolência e graça, e ao mesmo tempo evitar sua ira. Feitas as contas, Deus, Pai e Rei são as garantias da ordem e da justiça no mundo (pelo menos na parte do mundo que se tornou especialmente relevante pela minha presença nela), as quais não podem ser desejadas nem descartadas por argumentos, e que de maneira nenhuma são prejudicadas por minha incompreensão, meu conhecimento insuficiente ou certamente ignorância ou descrença.

Eu tendo a escolher 1755 como o ano no qual o mandato de evicção de Deus do centro do Universo começou a ser esboçado – embora, em vez de falar de evicção, aqueles que o rascunharam tenham preferido falar em abandono do dever pelo atual residente do centro, ou sobre o desenvolvimento de um inquilino insolvente. Em 1755, um desastre triplo – terremoto, fogo e enchente, em rápida sucessão – acometeu Lisboa, vista na época como um dos principais centros europeus de poder, riqueza, comércio, conhecimento e artes. Lisboa foi destruída, mas os reveses golpeavam a esmo, como Voltaire logo observou: "O inocente, assim como o culpado,/ sofre igualmente o inevitável fardo." O veredicto de Voltaire foi cristalino: a estada de Deus no centro do Universo não conseguiu passar no teste da razão e da moralidade preparado pelos seres humanos; e o mesmo aconteceu com as recomendações de seus plenipotenciários terrenos quanto às maneiras de promover e tornar obrigatórios os critérios que razão e moralidade aconselhariam. Esse veredicto implicava a resolução de que o Universo teria toda a chance de ter uma ordem – "civilizada" – melhor e mais justa, uma vez que assumisse uma nova direção – humana.

Não obstante, ao longo dos dois séculos que se seguiram, nós aprendemos – e da maneira difícil – que a administração humana não ficaria muito atrás da de Deus quanto à capacidade de infligir danos à racionalidade e ao sentido moral – exatamente como descobrimos a resistência do grande desconhecido em recuar, e a constância das restrições que detiveram os administradores humanos muito antes de eles alcançarem a onisciência, isso para não falarmos da onipresença. Estado e mercado, as duas agências que razão e moralidade projetaram – em consulta mútua, embora não necessariamente em completo acordo –, na expectativa de que elas administrassem adequadamente a parte habitada pelo homem no Universo, ou capacitassem essa mesma parte do Universo para se autoadministrar adequadamente, foram reprovados e continuam a ser reprovados em testes práticos sucessivos, em número virtualmente crescente de ocasiões, frustrando as expectativas neles depositadas. E até aqui não há candidatos óbvios à vista, prontos para substituí-los no papel que lhes era atribuído – por mais ardorosos que sejam e desesperados que estejam os pesquisadores, e por mais que os esboços na prancheta sejam imaginativos e considerados atraentes.

Na nossa realidade fractal, enigma semelhante se repete – mesmo que numa escala modificada – em todos os níveis da organização social. A crise da autoridade modelada segundo a imagem do Deus-Pai onisciente e onipotente é agudamente sentida de cima para baixo – mesmo que cada nível tenha suas próprias razões para experimentá-la como tal, bem como um conjunto distinto de fatores responsáveis por essa experiência. Você certamente observou a redescoberta recente e a popularidade crescente da meditação de Blaise Pascal sobre a natureza do Universo e sobre a nossa (dos seres humanos) posição dentro dele: "Esta é uma esfera infinita, o centro da qual está em toda parte, mas sua circunferência, em parte alguma. Em suma, uma das maiores evidências sensíveis da onipotência de Deus é que nossa imaginação seja subjugada por essas reflexões."[14] Uma reflexão pungente, que repercute intimamente nosso ânimo atual – hoje, em nossa época de incerteza policêntrica, até mais do que antes. O que em Pascal poderia ser uma espécie de "em Deus nós confiamos" de encorajamento *cum* consolo tende a soar aos nossos ouvidos como uma promessa vazia.

O pai carnal não metafórico pertence ao fractal menor na sucessão/hierarquia de fractais; entretanto, ele pode ser visto através de um fractal privilegiado, pois está mais próximo de um escrutínio empírico direto e diário. Por essa razão, ele é capaz de prover o fio com o qual visões mais distantes e fractais abstratos podem ser, e são, tecidos. Esse pai chega mais perto do papel de uma juntura – ou, mais corretamente, de uma interface de transferência/troca – entre dois modos coexistentes, entrelaçados e interativos de convívio humano, diferençados por Victor Turner sob os nomes *societas* e *communitas*. As preocupações e tribulações que hoje afligem essa "figura paterna" particular refletem, de forma condensada, os processos que afetam todas e quaisquer de suas extensões e idealizações, seja lá em que nível da estrutura fractal elas estejam situadas. Em vista do número cada vez maior de crianças crescendo em lares monoparentais, o mais correto na reflexão corrente talvez seja a figura do pai se tornar conspícua – assim como o *Deus otiosus* ("Deus ocioso") ou *absconditus* ("Deus que vê em segredo") de Tomás de Aquino –, principalmente pela sua ausência e não interferência. Permaneçam ou não ambos os pais biológicos sob o mesmo teto, os laços pais-filhos são cada vez mais tênues, simultaneamente despojados de sua camada de quase identificação com a estrutura de autoridade. E considerando o privilégio cognitivo do fractal menor (e por isso mais comumente acessível a escrutínios), não é de admirar que a experiência daí derivada sirva como matriz – ao passo que outras figuras paternas, específicas de outros fractais, maiores, podem ser vistas como tantas permutações quantas estes últimos permitam e tornem prováveis.

Em algumas ocasiões (mais recentemente no livro *O retorno do pêndulo* – escrito com Gustavo Dessal em 2015), eu comparei os papéis do (agora coisa do passado) "pânico da masturbação" com o (hoje acumulando força) "abuso infantil". O primeiro pânico situava o perigo do "tenha cuidado com" na inerte e traiçoeira sexualidade infantil, estabelecendo bases para uma vigilância parental estrita, invasiva e ubíqua, e o controle da conduta das crianças. O segundo encara quartos e banheiros de crianças como antros de vício, mas nesse caso é a sexualidade dos pais – e em particular do seu suposto lado pedófilo – que é acusada, o que exige, consequentemente, que os pais mantenham distância e tenham controle estrito de seus reflexos (hoje endemicamente suspeitos) de intimidade. Os pais são, assim, afugentados de grande parte da – antes suposta óbvia e altamente recomendável – vocação parental.

Por essas razões, eu acredito que a "evaporação do pai" da vida familiar, mencionada por Lacan e Recalcati, ou, em todo caso, a evaporação daquilo "em torno do que gravita a vida familiar", seja em grande parte – embora não exclusivamente, claro – uma situação autoinfligida e do tipo "faça você mesmo". É verdade que a volatilidade dos mercados de trabalho e a fragilidade, friabilidade e, afinal, a não finalidade endêmica inerentes às posições sociais revelam diariamente a ausência espetacular de onisciência, para não falar de onipotência, na lista de qualidades do Pai. Essas novas realidades de vida solapam as condições socialmente produzidas e mantidas sobre as quais repousava a possibilidade de desdobrar o Pai Familiar como protótipo de toda e qualquer garantia de ordem e justiça no mundo. Entretanto, a "evaporação" do Pai, assim como suas consequências mais seminais na *Weltanschauung* ("visão de mundo"), como o súbito esvaziamento do "centro de gravidade", foi ajudada e estimulada pela capitulação imposta ou voluntária, resignada ou entusiástica de grande parte das responsabilidades parentais.

E permita-me acrescentar que os escrúpulos morais que podem eventualmente decorrer de tal capitulação tendem a ser resolvidos com serviços compráveis no mercado de consumo – mais comumente pelo uso dos bens oferecidos por sua competência, por assim dizer, de tranquilizantes morais. Por sua vez, isso abre os portões a uma comercialização cada vez maior dos aspectos mais íntimos do convívio e da interação humanos.

· 5 ·

A literatura e o interregno

RICCARDO MAZZEO: Adolfo Fattori estabelece um paralelismo entre a desorientação experimentada pelos indivíduos na transição entre os séculos XIX e XX (citando Franz Werfel: "Pertencer a dois mundos, abarcar duas eras com uma única alma, condição verdadeiramente paradoxal, que poucas vezes se repete na história e só é imposta a poucas gerações humanas")[1] e a mesma desorientação sentida um século depois, no interregno sobre o qual você falou, em que, como previu Antonio Gramsci, os velhos modos de viver no mundo já não funcionam mais, porém novos modos ainda não foram inventados. O que pode a literatura nos dizer sobre isso?

Robert Walser, um verdadeiro favorito de J.M. Coetzee, tem precedência sobre o nômade contemporâneo da modernidade líquida. A diferença entre Walser e o *déraciné* contemporâneo é a total falta de planos do primeiro, sua opção pelo trivial, o seguro, o insignificante, ao passo que o viajante contemporâneo se vê sempre obrigado a perseguir projetos de curto prazo e, em vez de caminhar como Walser, que, em jornadas lentas e intermináveis a pé, percorria centenas de quilômetros, tem de se lançar adiante como um patinador no gelo, para não cair e correr o risco de não ser mais capaz de se levantar. Além disso, a condição de extrema pobreza, de fragmentação e humilhação, que para Walser é de sua *própria* escolha, se torna, para seu seguidor moderno, uma escolha de *outrem*, uma consequência da insegurança que "governa" o mundo de hoje. Finalmente, a ânsia de Walser de retirar-se e proteger-se, de desaparecer a ponto de ser trancafiado num hospital psiquiátrico, se opõe ao desejo do homem contemporâneo de ser visível a qualquer custo, e à sentença que em vez disso o condena, carente de recursos num cenário de pobreza sempre crescente, à marginalização, à exclusão e a ser banido da mesa dos abastados. Em sua opinião, quais são as semelhanças entre os dois *fins de siècle*?

ZYGMUNT BAUMAN: O sentimento de Werfel/Fattori de "pertencer a dois mundos, abarcar duas eras", essa experiência chocante que os horrores de uma trincheira de quatro anos de guerra infligiram, no limiar do século XX, sem aviso, aos descendentes/ex-alunos do impetuoso, autoconfiante e vaidoso século XIX: é ela paralela ao estado de nossas mentes e de nossos corações nesta era de interregno? Não é. Todas as semelhanças, como insistiam os avisos de isenção legal de Hollywood, são mera (bem, talvez principalmente) coincidência.

Dois mundos, duas eras? Houvesse apenas dois mundos a confrontar, vincular ou separar, opor ou reconciliar, teríamos nós sequer notado? Nós, que desde a tenra infância e ao longo de toda a nossa vida somos forçados/seduzidos a navegar entre tantos mundos – que coincidem, se colidem ou seguem uns aos outros em rápida sucessão? Longe de chocante, a sensação de ser engolido abrupta e brutalmente por novo(s) mundo(s), assim como de ficar desconcertado e confuso com visões nunca vistas e pensamentos nunca pensados, são para nós sinais reconfortantes de normalidade, de as coisas estarem em seu caminho certo (em todo caso, no caminho familiar).

A necessidade de nascer de novo, não a estamos nós praticando diariamente? O trivialmente monótono é o oposto diametral do chocante. E onde mais poderiam novos anos ou novos dias começar? Novidade – não antecipadas e inesperadas novidades? Sim, nós sabemos, elas são muitas. É difícil que haja algo mais familiar hoje que a não familiaridade, e mais comum do que a "extraordinariedade". O que não é mais familiar, todavia – e, francamente falando, é difícil de compreender –, é a aura misteriosa e o status quase escatológico que cerca a novidade – essa ocorrência completa e verdadeiramente repetitiva e rotineira de reencarnação, de ter nascido de novo, de ingressar num novo mundo, de encarar a necessidade de aceitar o outrora inaceitável.

Robert Walser: agradeço-lhe imensamente, Riccardo, por convidá-lo a juntar-se a nós nesta conversa. Walser, não apenas o favorito de Coetzee, mas um "companheiro constante" de W.G. Sebald e o "escritor essencial do nosso tempo", para Elias Canetti. Herman Hesse opinou que "se ele [Walser] tivesse tido 100 mil leitores, o mundo seria um lugar melhor" (uma pena, ele não os teve, e o mundo não é melhor). Tentando localizar Walser na história da arte moderna, Susan Sontag atribuiu a ele um papel aparentado àquele desempenhado por um entroncamento ferroviário ou um porto de baldeação: "Um Paul Klee em prosa – tão delicado, tão ardiloso, tão assombrado –, um Beckett bem-humorado e doce", "o elo perdido entre Kleist e Kafka", opina ela, relembrando que Robert Musil, quando descobriu Kafka, descreveu seu achado como "um caso peculiar do tipo Walser".[2] Sem dúvida, ele é uma figura crucial na breve, mas tempestuosa e ocasionalmente heroica, história das artes modernas – embora, pelo veredicto do destino, possivelmente um dos mais notáveis entre os heróis não decantados e, por isso, menos reconhecidos dessa história. Permita-me, em consequência, ficar com ele mais um pouco e tentar explicar a necessidade de fazê-lo numa extensão talvez maior que a necessária, não fosse por isso.

Walser era um poeta do anti-heroico, do limitado, do humilde e do pequeno (embora talvez não do "insignificante"). O cotidiano, o mundano e o corriqueiro a ponto da invisibilidade eram para ele – suponho – o único significado da vida. Em "A caminhada" (o mais longo da sua centena de contos), Walser faz o equivalente a uma profissão de fé:

Sem caminhar e sem a contemplação da natureza a isso ligada, sem essa busca igualmente deliciosa e admoestadora, eu me considero perdido, e estou perdido. Com amor e atenção extremos, o homem que caminha deve estudar e observar cada qual das menores coisas vivas, seja uma criança, um cachorro, uma borboleta, um pardal, um verme, uma flor, um homem, uma casa, uma árvore, uma sebe, uma lesma, um rato, uma nuvem, uma montanha, uma folha ou não mais que um pobre pedaço de papel descartado sobre o qual, talvez, uma criança boa e estimada escrevera na escola as suas primeiras letras desajeitadas. As coisas mais elevadas e as mais baixas, as mais sérias e as mais hilárias são para ele igualmente amadas, belas e valiosas.[3]

No conto "Nervoso", Walser assevera: "Caprichos, caprichos, a gente deve ter, e a gente deve ter coragem de viver com eles, essa é a maneira mais agradável de viver. Ninguém deveria ter medo da sua pontinha de esquisitice."[4] Sobre Kleist, herói de um de seus contos mais brilhantes, Walser escreveu com aprovação e admiração não dissimuladas: "Ele não acha nenhuma música grandiosa bonita o bastante, nenhuma alma tão sutil quanto a música e a alma de toda a atividade humana." Qual seria a alternativa a essa escolha de importância? "Realizar um debate idiota ou em geral útil com um respeitado funcionário tolo ou outra coisa? ... A gente gostaria de pegar um malho e abrir a marretadas o caminho para sair daí. Saia daí, saia!"[5] Mais ou menos na mesma época, Kafka rabiscaria em uma de suas parábolas, "A partida": "'Conhece então o seu objetivo?', perguntou ele. 'Sim', respondi eu. 'Acabei de lhe dizer. Fora daqui... É esse o meu objetivo.'"[6] Não muito depois, Samuel Beckett observaria: "Eu não sei. Eu nunca saberei, no silêncio a gente não sabe, a gente tem de seguir em frente, eu não posso seguir em frente, eu não posso seguir em frente, eu seguirei em frente." Ou Ionesco: "Sinto que toda mensagem de desesperança é o enunciado de uma situação da qual todo mundo deve, livremente, procurar uma saída."[7]

Como sugere Susan Sontag singularmente, no ensaio citado: "A arte de Walser é a recusa do poder: da dominação." Ele "supõe depressão e terror a fim (principalmente) de aceitá-los – ironizá-los, mitigá-los". Bem, eu pergunto: rebelião ou armistício? Rejeição da dominação ou sua aceitação? Curiosamente, os dois ao mesmo tempo – acho eu. Ou, talvez de modo mais acertado – embora não menos enigmático –, promoção da "recusa através da aceitação". Antes de seguir adiante, entretanto, nós poderíamos concordar que um veredicto final sobre a posição de Walser – uma interpretação para acabar com toda interpretação adicional – não figura no cardápio, e deveríamos prestar atenção no argumento de W.G. Sebald, de que, perto do fim de seu itinerário de vida estranhamente viciado, Walser, juntamente com Gógol, seu único "parente ou predecessor literário genuíno" – na opinião de Sebald,

> perdeu gradualmente a capacidade de manter os olhos no centro da trama, extraviando-se, em vez disso, na contemplação quase compulsiva de criações estranhamente irreais que surgiam na periferia de suas visões... No final, tornou-se quase impossível discernir Gógol e Walser em meio à legião de seus personagens, isso para não falar no horizonte sombrio das doenças deles, que avultava.[8]

Em meio ao tumulto de interpretações competidoras, Sebald joga a toalha no ringue: "Quem era e o que era realmente Robert Walser, essa é uma questão à qual, apesar de minha relação estranhamente próxima com ele, eu não fui capaz de dar nenhuma resposta confiável."

Tendo ouvido tal confissão e acenado compreensiva e aprobativamente com a cabeça, a maioria dos leitores de Walser engajados na reconstrução do verdadeiro – o essencial e único – significado de sua mensagem viu definhar suas esperanças de um dia chegar a uma conclusão. De qualquer forma, os mais razoáveis entre eles o fizeram.

Conservando em mente as qualificações mencionadas, permita-me retornar à espinhosa questão da atitude de Walser em relação à dominação. Ao longo de *Jakob von Gunten*, aclamado por muitos críticos como sua obra-prima, Walser declara que o exercício de tomar e conservar a postura de "manter-se aprazível e calmo", a posição mais aconselhável para as pessoas que desejam dominar a arte da conduta decorosa/apropriada, era o propósito para ele ingressar no Instituto Benjamenta, no qual a ação do romance está situada. A fim de adquirir essa postura e mantê-la em qualquer situação, a mera obediência às regras e desistir de toda e qualquer rebeldia contra a autoridade que as instituiu não é o bastante. A obediência deve ser suplementada por abstenção de queixar-se – mas até cumprir essa estipulação não seria o bastante se a pessoa não deixasse de pensar nessas "obrigações" e não evoluísse até amá-las – verdadeira, sinceramente, de todo o coração e sem remorsos.

O Jakob do título, que começou se ressentindo muito do regulamento do Instituto Benjamenta sobre comer até a última migalha os conteúdos do prato de jantar servido, acaba (embora não sem um treinamento demorado e um autoexercício extenso, mas cada vez mais fácil de realizar) comendo "tudo de forma tão metódica quanto qualquer outro dos educandos. Eu até ansiava, toda vez, pelas refeições bem preparadas e modestas". Jakob pensa nos elfos – que sempre cresciam sobre ele como suas estrelas-guias – como os ideais que ele está cada vez mais ansioso por emular; ele louva seu hábito de cumprir "todas as suas duras e laboriosas incumbências por pura e sobrenatural bondade de coração". A obediência que emana dessa fonte já não é mais servidão, mas liberdade – porém, na realidade é mais que isso: é uma apólice de seguro contra toda humilhação futura e um antídoto para todos os futuros venenos. A dominação pode ser invencível e destinada a durar para sempre, contudo, uma aceitação sincera de sua invencibilidade não negociável pode despojá-la de suas presas, garras e picadas tóxicas... "Eu não noto mais essas coisas", observa Jakob com desembaraço autocongratulador. As "coisas" que ele não nota mais são os atos de capitulação por trás das máscaras de escolhas livres. Nada é visto – de modo que nada dói nem aflige. E o caminho para essa felicidade suprema de desperceber é direto, mesmo que um pouco acidentado e com trechos difíceis de negociar: o único segredo é desejar fazê-lo e amar fazer o que você tem de fazer.

Um caminho. Ou, de modo mais preciso, um dos dois rumos da estrada eminentemente bifurcada da vida. O outro rumo é sinalizado por Albert Camus: "Eu me rebelo, logo, nós existimos." Na literatura, como na sociologia, são as estradas da verdade que as pessoas procuram, tomam ou perdem que são exploradas, com a verdade ela mesma para sempre resistindo ou esperando por um Messias para desnudá-la. No entanto, como para o melhor ou para o pior, Kafka já concluiu: o Messias vem um dia depois de sua própria chegada.

É tentador escolher essa peculiaridade do Messias como definição do estado de "interregno". Ou, melhor, aceitar que um estado de interregno chega quando nos sentimos obrigados a investir nossas esperanças nessa peculiaridade – pois nossos dias são repletos de buscas e todavia vazios de descobertas; e esse estado perdura enquanto assim nós nos sentirmos.

· 6 ·

O blog e o desaparecimento dos mediadores

RICCARDO MAZZEO: Nós já mencionamos Jonathan Franzen durante nossas conversas: eu gostei dos seus dois romances principais, *As correções* e *Liberdade*; por outro lado, você tinha conhecimento de alguns aspectos muito relevantes da coleção de ensaios breves de Franzen, *Farther Away*, antes de ela ser traduzida para o italiano, e eu concordei completamente com o ponto de vista dele sobre a influência sedutora de seu BlackBerry último modelo e sobre o potencial destrutivo do aspecto de "facilitação" propiciado pela tecnologia: o romancista que me cativara e emocionara tornou-se então algo mais – uma pessoa com quem eu teria gostado de debater até coisas que existem fora de seu trabalho narrativo.

Então, quase inevitavelmente, ele publicou seu último ensaio longo, *The Kraus Project*, no qual homenageia o mediador de sua juventude e realiza, ao mesmo tempo, um salto triplo que dá muito a impressão de ser um antídoto para a tendência hoje prevalecente de facilitar e inevitavelmente pasteurizar tudo. Ele escolhe um autor muito difícil – o escritor satírico Karl Kraus, para ser preciso – e cita a sua própria tradução de *Heine and the Consequences* (e outros textos de Kraus), semeada de um gigantesco *corpus* de notas de rodapé que explicam parcialmente as passagens mais difíceis do texto, as contextualizam e investigam paralelos entre a Viena de um século atrás e a sociedade ocidental de hoje. Por último, ele fala em parte de si mesmo, Franzen, e da demolição de autores precedentes (de John Updike a Philip Roth) – uma demolição que ele havia tentado nos anos de juventude, da mesma maneira (embora com resultados muito mais modestos) que Kraus tinha massacrado o autor que, juntamente com Goethe, fora o maior escritor em língua alemã do século XIX e um judeu convertido ao catolicismo: Heinrich Heine.

A primeira coisa que chama a atenção do leitor no livro é que a revista fundada por Kraus em 1899, *Die Fackel* (*A Tocha*), era semelhante aos blogs hoje muitíssimos populares. Além disso, entre 1911 e 1936, o autor escreveu todos os artigos ele mesmo, cumulando-os de seu gênio criativo e de seu veneno. A principal diferença em relação aos blogs contemporâneos é que, ao passo que estes não têm sequência e alcançam um sucesso fugaz, *Die Fackel* foi lida pelas figuras mais eminentes da época na Europa Central, incluindo Freud, Kafka, Ludwig Wittgenstein, Thomas Mann, Adorno e Walter Benjamin; outra diferença é que a escrita de Kraus era extremamente complexa e de tom deliberadamente críptico, a fim de desestimular intimidades com mentes mais banais. Na verdade, o "antiblog" de Kraus constituía uma tentativa, tão ardorosa quanto desesperada, de defender a língua e o espírito alemães, que haviam sido trivializados por um Heine que só ficava contente quando estava em Paris. Eu sinto que Franzen é igualmente heroico e apaixonado em sua tentativa de defender a literatura e as ideias autênticas da tentação irresistível da internet: "Quem tem tempo de ler literatura quando há tantos blogs para ficar de olho, tantas guerras de tortas e pastelões a seguir no Twitter?"[1]

Basicamente, tanto Kraus ("A arte traz desordem na vida. Os poetas da humanidade continuam a repetir o caos")[2] quanto Franzen convidam o leitor a rasgar o véu embotador da vulgata para tentar penetrar a realidade, que é totalmente diferente da tela tranquilizante na qual insistimos em nos colar. Isso me lembra uma das perguntas que lhe foram feitas por Tester e Jacobsen em *Para que serve a sociologia?*,[3] sobre as responsabilidades atribuíveis à bondade em contraste com o statu quo, ao que você respondeu que, ao contrário do que se esperaria, a bondade é conspícua por sua ausência desalentadora. A *prudência*, e mesmo a *covardia*, determinadas por uma atitude cautelosa e temerosa mais formada pelo ato de sobrevivência do que pela vida e por viver, tentam nos salvaguardar das consequências desagradáveis de nossas ações, contudo não devem ser confundidas com a bondade genuína, demonstrada por uma conduta amigável para com o outro, considerado como um ser aparentado, como um irmão. Em seus dois últimos livros, Eugenio Borgna fala da necessidade persistente de bondade para com os outros – que, por serem humanos, são afetados de modo congênito por essa fragilidade comum a todos nós –, especialmente os doentes, idosos, pobres e excluídos.[4] Isso é totalmente diferente do conceito de *hipocrisia* daqueles que têm medo de fazer inimigos, daqueles que escolhem a opção *politicamente correta* e acabam, como muitos escritores, se desviando de sua própria missão pessoal. Depois de debater as dificuldades que escritores encontram em ganhar a vida com seu trabalho, Franzen acrescenta:

> Contudo, o que me entristece é que, num tempo em que uma porcentagem relativamente pequena da cena literária de Nova York consegue ganhar a vida escrevendo, uma alta porcentagem dessa cena seja tão prudente. ... Ai de qualquer escritora que seja um pouco dura com seus personagens. Muito mais que no passado, essa aspereza seria suficiente para uma crítica [prudentemente] negativa. ... A crítica severa do sistema eletrônico, que torna os escritores tão soporíferos, significa correr o risco de ser rotulado pela opinião pública de *hater*, antissocial, e não *um de nós*.[5]

Também é verdade que há milhares de blogs críticos, e a virulência pertence aos jovens que têm uma saudável necessidade evolutiva de "tudo ou nada", de categorias dicotômicas a serem toldadas mais tarde, quando eles tiverem amadurecido. Em seus últimos anos de adolescência, o próprio Franzen se viu impactado por um Kraus explosivo, "quase como um rapper", que escreveu sobre o "trabalho intelectual da virilidade que forja línguas, ... que vai se diferençar da destreza do aprendizado fácil da bondade linguística", e admite, trinta anos depois, ter continuado "felizmente ignorante da 'enchente de imundície desatrelada pelo judeu Heine'".[6] Contudo, se os ciclos da vida devem ser respeitados hoje, em contraste com essa veemência muitas vezes cega (que pode ser desejável aos vinte, mas é inaceitável aos cinquenta), a diferença fundamental se revela no calibre um tanto excessivo de Kraus, em contraste com a superficialidade eloquente das posições em geral assumidas hoje. Além disso, cem anos antes, Kraus tinha compreendido quanto dano podia ser infligido à imaginação pela imprensa de mentalidade estreita; pelo jornalismo de estilo de vida que pré-mastiga notícias e imagens para o leitor, como nos programas de TV atuais; poesia pronta para ser posta em música – por mais bonita que seja – como a escrita por Heine; e tantos romances escritos como roteiros de cinema – já orientados para o dinheiro a ser ganho com sua adaptação para as telas.

Assim, o problema não reside tanto em como você faz e no que você canta quando tem vinte anos; nessa idade, o próprio Franzen cantava o refrão de Richard Hell, o poeta-cantor punk e ex-marido de Patti Smith, que anteviu a existência das redes sociais ("Eu sou da geração vazia e posso pegá-la e largá-la a qualquer hora").[7]

Em conclusão, *The Kraus Project* está inteiramente focado na perda de mediadores, na raridade crescente desse milagre que é essencial para a continuação da cultura e da vida: *transmissão*. Franzen tinha ganhado de seu professor alemão George (seu sobrenome também era Kraus!), um livro de Karl Kraus como presente de casamento. George tinha sido como um pai para ele, ensinara-lhe sobre a relação profunda que existe entre literatura e vida, e, por isso, Franzen decidiu traduzir os textos impenetráveis de Karl Kraus.

> Em meu cantinho do mundo – o que quer dizer, a ficção norte-americana –, Jeff Bezos, da Amazon, pode não ser o Anticristo, mas certamente se parece com um dos quatro cavaleiros. A Amazon quer um mundo no qual os livros sejam autopublicados ou publicados pela própria Amazon, com leitores dependentes das resenhas da Amazon para escolher os livros, e com autores responsáveis por sua própria promoção. O trabalho de tagarelas, tuiteiros, exi-

bicionistas e de gente com dinheiro para pagar alguém para produzir para elas centenas de resenhas cinco estrelas vai florescer no mundo. ... Mas o que vai acontecer com aqueles que se tornaram escritores precisamente porque tagarelar, tuitar e se exibir parece ser uma força intolerável de interação social superficial?[8]

A transmissão *não é* de modo algum uma clonagem; graças à transmissão, se tudo correr bem, a pessoa se torna o que estava destinada a se tornar – em outras palavras, algo diferente. Entretanto, ela é essencial para ter acesso a si mesmo. Como podemos nos tornar nosso verdadeiro eu sem uma herança, sem um guia, sem a voz deles, sem uma mensagem significativa?

ZYGMUNT BAUMAN: Uma lei universalmente obrigatória cuja enunciação é creditada a Thomas Gresham e em outras épocas a Nicolau Copérnico, mas cuja formulação primitiva pode ser encontrada há muito mais tempo, 2 mil anos antes, em *As rãs*, de Aristófanes, diz, em resumo, que "dinheiro ruim tira o dinheiro bom de circulação". Numa época que não conhecia outro dinheiro além de moedas de ouro, prata e cobre, dinheiro "ruim" significava moedas que ficavam aquém de sua promessa: moedas cujo metal valia menos que seu valor nominal. Quando essas moedas apareciam em circulação, as "boas" entre elas tendiam a desaparecer do uso comum (trancafiadas, por assim dizer, nas caixas-fortes de relativamente poucos excepcionalmente circunspectos e afortunados – ou apenas gananciosos – açambarcadores).

Essa lei, contudo, tem aplicação muito mais ampla do que sugere seu enunciado. Moedas são, afinal, meios de troca, e se há meios menos custosos que você possa usar para obter o que está procurando, por que haveria de abrir mão dos mais valiosos? No caso de dinheiro bom *versus* dinheiro ruim, o mecanismo que opera a Lei Gresham/Copérnico é posto em movimento e impulsionado pela ganância pecuniária; em outros casos, porém, ele pode ser (e é) acionado por outros fatores – por exemplo, por um desejo de maior conforto, associado a uma aversão pela inconveniência. Este é, na verdade, um motivo poderoso – e liga a Lei Gresham/Copérnico à questão que você menciona, seguindo o exemplo de Jonathan Franzen: a situação da "língua na terra do blog e do twitter", e, através da língua, esse meio principal de troca comunicativa, também a questão da sorte/destino dos nossos poderes de expressão e compreensão.

Infelizmente eu não li *The Kraus Project*, de Franzen (há a promessa de que as cópias só estarão disponíveis, infelizmente, no fim do ano), nem o panfleto anti-Heine de Karl Kraus – e consequentemente não posso responder ao seu dilema ponto por ponto. Contudo, conhecendo outros escritos de Franzen – e também, acredito, a causa que ele defende –, me sinto capaz de lidar com os pontos principais da sua (e da minha!) preocupação. A essência da nossa preocupação compartilhada é o impacto da nova mídia eletrônica (um impacto que ainda não é plenamente conhecido, e que, por essa razão, é sugestivo de ainda outras preocupações futuras) sobre quem somos, sobre o que fazemos uns com os outros e como vivemos uns com os outros. Franzen tem um olhar extraordinariamente afiado sobre as influências da mídia eletrônica em nosso comportamento, visão de mundo e expectativas: tanto para as suas influências mais marcantes (por exemplo, a verdadeira "orgia nacional de conectividade", que habilita e encoraja a invasão de assuntos pessoais e individuais na esfera pública e comunal, o que constitui "a própria essência da abominação do telefone celular"),[9] quanto para as não tão óbvias, embora não menos danosas (por exemplo, auxiliar e instigar nossos solecismos enganosos e corruptores como "ideal fantasioso de relacionamento erótico").[10]

Entretanto, a que se assemelha esse "ideal fantasioso"? Franzen começa confessando que, depois de jogar fora um BlackBerry Pearl de três anos e o trocado por um BlackBerry Bold novo em folha, ele "queria ficar mimando" seu novo brinquedo. Ele "estava, em resumo, apaixonado por seu novo aparelho". Mas é precisamente isso que a gente sente e é como nos comportamos em relação a um objeto de exaltação erótica, não? Ou, mais propriamente, o que faríamos e sentiríamos, não fosse esse "objeto" também um sujeito – isto é, uma entidade completa, com desejos, preferências, prioridades e vontades inteiramente próprias, e de um tipo que pode concordar ou não com as nossas. Os objetos de arrebatamento erótico da "vida real" ficam muito aquém do ideal do qual o BlackBerry Bold tanto se aproximou! O ideal de arrebatamentos eróticos, à diferença dos seus objetos humanos, "não pede nada e dá tudo, instantaneamente" – sem procrastinação, sem sequer um murmúrio de protesto nem o mais vago gesto de contrariedade. Ele é, na linguagem dos comerciais, "amigável" (leia-se: plena e verdadeiramente "obediente" ao usuário). Contudo, o que talvez seja mais importante, ele "não faz cenas terríveis quando é substituído por um objeto ainda mais sexy e fica largado numa gaveta". Você ouviu o BlackBerry Pearl chorando sem parar, ou praguejando/xingando em seu caminho para a lata de lixo? Não ouviu, com toda a certeza. Ninguém ouviu. Então, por que João ou Maria não se comportam de maneira mais parecida com o BlackBerry Pearl quando chega sua hora de partir? Ora, João ou Maria não deveriam saber disso desde o começo e aceitar que sua capacidade de dar "tudo" – quer dizer, todo o prazer que alguém concebivelmente possa esperar na ausência de "objetos mais sexy" – decerto não sobreviveria ao surgimento desses novos objetos?!

Esse que chamamos de "progresso" – a "marcha adiante", seja ela individual, separada ou coletiva – leva (pela definição explicitamente enunciada ou tacitamente presumida de "adiante") de menos conforto/conveniência a mais conforto/conveniência; e de mais inconveniência/problema/chateação a menos inconveniência/problema/chateação. A trajetória do "progresso" é marcada por mais resultados alcançados com menos custo e esforço, e resultados alcançados de forma mais ligeira que antes, quando contar o tempo exigia produzir o resultado desejado e também o tempo necessário para adquirir as habilidades necessárias para fazê-lo. Em um mundo que contém fósforos e isqueiros, é inteiramente improvável que nós retornemos ao uso de pederneiras e mechas – se não por outra razão, então por ter tido tempo bastante para confortavelmente esquecer as habilidades necessárias para fazê-las funcionar.

A questão que você propõe sobre a chance amplamente bem-vinda (*sic!*) de simplificar/vulgarizar a língua, que há não muito tempo nós precisávamos estudar com afinco e interminavelmente para dominar em toda a sua complexidade críptica de gramática, sintaxe e ortografia – a chance ocasionada pelos dispositivos de "*messaging*" e "*twittering*" e os padrões e rotinas que se seguem à sua introdução – é um caso semelhante. Por que fazer das tripas coração para alcançar o que pode ser obtido com pouco ou nenhum esforço? Por que esperar interminavelmente por resultados que podem ser instantâneos? Tente pensar apenas na coisa mais complexa de todas, mais arriscada e exigente – e, contudo, apesar disso, a menos evitável –, o cerne de uma vida: apaixonar-se e, até mais que isso, continuar amando!

Há razões muito sérias e numerosas para esperar que o "progresso" nesse campo mais intrincado e complexo das ocorrências da vida, hoje oferecido pela e na parte "on-line" do universo humano, seja capaz de perpetrar danos diretos e "colaterais" mais profundos, duradouros e seminais que em qualquer outra área ou aspecto do modo humano de "estar no mundo habitado por humanos". Embora todo ganho tenda a ser acompanhado por algumas perdas (como opina queixosa, ainda que corretamente, a sabedoria popular: "Não se pode ganhar todas"), a perda precisamente daquelas qualidades de amor em relação às quais a libertação, de forma tão tentadora, nos é prometida na zona de segurança on-line se pressagia plena e verdadeiramente irreparável e devastadora em suas consequências. Amor é felicidade – mas estar amando também é uma lição contínua de que a felicidade quase nunca chega pronta para consumo instantâneo e assegurado contra sofrimentos; e de que, longe de ser o antônimo de felicidade, as angústias e o trabalho duro de conquistá-lo são ingredientes *sine quibus non* da mesma matéria da qual as relações de amor são construídas. O amor indolor é uma mentira e um embuste; um equivalente da cerveja sem álcool ou de alimentos sem calorias; ou a promessa de que dinheiro dá em árvore. Mas se o amor não é uma receita (e muito menos uma garantia) para a felicidade, a ausência de amor mostra a felicidade quase como um país estrangeiro: uma terra incógnita, na verdade.

Permita-me citar Franzen uma última vez. Mencionando de novo sua própria experiência – a marital, dessa vez –, ele observa:

> Nosso esforço para honrar nosso compromisso ativamente veio a constituir quem nós somos como pessoas; nós não éramos moléculas de hélio flutuando inertes pela vida; nós nos unimos e mudamos. Por outro lado, ... a dor machuca, mas não mata. Quando você considera a alternativa – um sonho anestesiado de autossuficiência, instigado pela tecnologia –, a dor emerge como um produto natural indicador de se estar vivo num mundo resistente. Passar pela vida sem dor não é ter vivido. Apenas dizer para si mesmo, "Ah, vou lidar com essa coisa de amor e dor mais tarde, talvez quando chegar aos trinta", é passar dez anos só ocupando espaço e queimando seus recursos.[11]

Isso foi dito, cabe observar, para os alunos de uma universidade no começo de uma cerimônia.

· 7 ·

Estamos todos nos tornando autistas?

Riccardo Mazzeo: Recentemente, em Paris, onde passei algum tempo escrevendo um livro de conversas com Miguel Benasayag sobre a situação dos idosos e a perturbação nos ciclos da vida moderna hoje, estive com o filósofo Jean-Michel Besnier, que leciona na Sorbonne e tomou parte da primeira reunião na casa de Miguel. Dada a excelente primeira impressão que me deu, eu li imediatamente seu último livro, *L'Homme simplifié: la syndrome de la touche étoile*,[1] e observei alguns pontos que talvez sejam relevantes para o tópico que estamos debatendo.

A teoria de Besnier está de acordo com aquela expressa por Adorno em *Minima moralia*: "Por trás da aparente clareza e transparência dos relacionamentos humanos, em que nada de indefinido é tolerado, desata-se a brutalidade pura."[2] Não há nenhuma dúvida de que delegar as coisas à tecnologia e à qualificação torna a vida mais simples e mais claramente definida, mas ao mesmo tempo nós sacrificamos as nuanças, os altos e baixos, as contradições e as complexidades que fazem os seres humanos, bem... humanos.

No capítulo anterior, eu lhe falei sobre o desaparecimento de mediadores, as fontes de que bebemos para nos desenvolvermos e nos tornarmos nós mesmos. Hierarquias do passado podem apresentar fraquezas/falhas dependendo da influência da lógica dos tempos, mas os "grandes escritores" ainda mostram certos elementos de grandeza. Você pode ir a uma livraria ou uma biblioteca e saciar-se de conhecimento credenciado.

Além disso, naquela época, você podia bater papo com o livreiro, aceitava os conselhos dele; havia uma pessoa real, com paixão pelos livros, com quem você podia trocar ideias a fim de fazer uma escolha cuidadosa dos volumes a levar para casa. Hoje, entretanto, os livreiros independentes (o tipo verdadeiro, autêntico) são obrigados a fechar suas lojas, um após outro, esmagados pelas amplas cadeias de distribuição, as quais são muito eficientemente computadorizadas, mas, na mesma medida, muito eficientemente desumanizadas, enquanto nossos filhos buscam seu conhecimento na internet. Besnier declara: "Ao descobrirmos que o Google vende ao lance mais alto as palavras-chave que permitem a seleção e hierarquização dos resultados de pesquisa, nós tomamos consciência do verdadeiro perigo que ameaça a aculturação e a absorção de conhecimento que a tecnologia da informação e comunicação declara facilitar."[3]

Besnier se refere, retrospectivamente, a René Descartes para identificar os sinais de advertência de um desenvolvimento do pensamento científico baseado em simplificação e na recusa do inexprimível, mas também evoca a distopia orwelliana de *1984*, na qual a novilíngua conseguiu apagar os "matizes redundantes de significado" presentes na língua velha e transformar as palavras, preservando somente seu significado raiz e libertando-as das complicações semânticas de sua realidade. Quando sua densidade é eliminada, as palavras se tornam "operações" e são deixadas à mercê de manipulações pelo dominante. Por outro lado, enquanto as crianças reduzem as palavras de seu texto à sua denominação mais baixa, há uma proliferação de abreviações e acrônimos que demole depressa a dignidade e o verdadeiro significado da nossa língua: "Quando o Sistema de Saúde se torna Social Security Number, e o antigo Serviço de Saúde é chamado de Autoridade Local de Saúde (na Itália), é provável que as relações pessoais com qualquer tipo de benefícios sociais ou de seguro social sob administração coletiva já tenham desaparecido."[4]

Eu também gostei do livro de Besnier porque, assim como citar o livro/entrevista que você escreveu com Benedetto Vecchi e *Vida em fragmentos* (1993), sublinhando a associação de dificuldade com o mundo "sólido" e simplificação com o mundo "líquido", ele também cita Gunther Anders – que, como você lembrou em *A Natural History of Evil* (2012), falou da inveja que o homem desenvolveu em relação à maquinaria – e Alain Ehrenberg, que você mencionou em *44 cartas* (2010), em referência à transição, comum entre os pacientes em psicoterapia, que se desloca do sentimento de culpa para o sentimento de desamparo. Eu acho que a incapacidade de experimentar o sentimento de culpa foi exposta de maneira excelente no filme de Michael Haneke, *Caché* (2005), no qual Georges (Daniel Auteuil), apresentador de programa literário de cultura refinada, vive numa bela casa onde livros alinhados ao longo das paredes e enquadrando uma grande televisão parecem formar uma fortaleza para protegê-lo e à sua adorável esposa, Anne (Juliette Binoche), do mundo "comum". Apesar de serem cercados por amigos inteligentes e divertidos, sinais de rachaduras na parede parecem vir do filho de doze anos, com quem Georges e Anne não têm nenhuma forma de comunicação. Mas o segredo de um acontecimento vergonhoso do passado de Georges emerge gradualmente depois da chegada de vídeos deixados no degrau da porta com um desenho a lápis de cera de uma criança sangrando.

Essas "invasões", cuja fonte nunca é revelada, forçam Georges a retornar ao passado e refletir sobre Majid, o filho do casal argelino que havia trabalhado para sua família. Os pais de Georges tinham decidido adotar Majid depois que os pais dele foram mortos durante um protesto em Paris contra a guerra da Argélia, juntamente com duzentos outros manifestantes argelinos. Os pais de Georges viveram um sentimento de culpa, mas Georges, que tinha somente seis anos na época, recorreu a uma manobra para se livrar da outra criança, a qual ele não queria e que foi mandada para o orfanato. Georges consegue localizar Majid, que agora também é pai; ele mora em condições de pobreza, nega ter enviado os vídeos e os desenhos, e finalmente convida Georges para ir à sua casa, onde corta a própria garganta diante da visita. Apesar da tragédia, mesmo assim Georges não experimenta nenhum sentimento de culpa.

O ponto que se destaca é que, para experimentarmos um sentimento de culpa em relação a outra pessoa, o outro tem de existir como pessoa real aos nossos olhos, como alguém que "ecoa através de nós", mas no formato de um mundo em que os outros são percebidos como meros instrumentos ou objetos a serem utilizados para completar com êxito um projeto administrativo pessoal micro ou macro, em que avaliações são objetivas e controláveis e o sucesso só sorri para aqueles que não perdem tempo com coisas como a vida real – sobrecarregada, mas também enriquecida por todas as complexidades da vida.

Eu sempre fui fascinado pelo mistério do autismo e conversei com uma das pessoas autistas mais talentosas e célebres do mundo (que sofre de síndrome de Asperger): Temple Grandin. Meu editor italiano, Erickson, traduziu dois dos seus livros. Eu tenho sentimentos íntimos delicados em relação a pessoas que sofrem de autismo e ao seu modo de vida especial e isolado. Entretanto, uma tendência à inacessibilidade típica do espectro autista está se tornando cada vez mais pronunciada entre o público em geral, e Besnier afirma que o número de autistas aumentou de um em cada 5 mil, em 1975, para um em cada 110 em 2009.

Uma multiplicação por cinquenta não pode simplesmente ser resultado de uma capacidade mais sofisticada de identificar as enfermidades de comunicação. Muitos especialistas evocam "hipóteses que envolvem fatores ambientais e traços genéticos combinados".[5] Nesse caso, nada haveria de estranho em analisar de uma maneira diferente a prática intensiva de se comunicar por e-mail, Twitter ou blog, na qual as pessoas autistas sobressaem e pela qual todos nós somos engolfados.

Por isso, talvez seja verdade que estejamos todos nos tornando autistas?

ZYGMUNT BAUMAN: Não há muita novidade sob o sol. Já faz tempo que Sigmund Freud questionou e quase acabou com a fronteira altamente contenciosa entre o "normal" e o "patológico" no comportamento e na interação humana, assim como a barreira que os separava um do outro – uma barreira cimentada sobretudo por convenções que buscavam a simplicidade, bem como um tipo "um ou outro" de limpidez naquilo que é na verdade um *Lebenswelt* incurável e irredutivelmente complexo. A profusão de qualificações, restrições, condições e cláusulas adicionais que acompanham qualquer definição já tentada de "autismo", e o status experimental de qualquer lista de seus sintomas, deixa pouca dúvida quanto à posição "essencialmente contestada" – assim como irresoluta, decerto vaga – do conceito. Você encontraria no site oficial da Autistica, instituição que se descreve como engajada em "pesquisa médica pioneira para entender as causas do autismo, aperfeiçoar o diagnóstico e desenvolver novos tratamentos e intervenções", a informação: "Nós somos a principal instituição de caridade do Reino Unido em pesquisa médica do autismo e estamos comprometidos em financiar pesquisas translacionais que farão a diferença na vida das pessoas." Tendo estabelecido suas credenciais desta maneira, a Autistica continua para explicar em detalhe a natureza convoluta da condição de saúde no centro de suas atenções: "O espectro do autismo é muito amplo. Algumas pessoas não possuem linguagem, têm dificuldades intelectuais e não são capazes de se envolver com os outros. Outras pessoas no espectro do autismo (como aquelas com síndrome de Asperger) podem ter habilidades linguísticas muito boas ou mesmo avançadas, mas consideram as regras que governam o comportamento social difíceis de compreender."[6] São igualmente frequentes frases que expressam indecisão quanto às causas das doenças em debate:

> Os fatores ambientais que desempenham um papel no autismo são mais desafiadores para se identificar de modo confiável. Tampouco está claro como esses fatores ambientais podem interagir com o risco genético de uma pessoa desenvolver autismo. A pesquisa ainda não identificou um vínculo causal direto entre qualquer fator

ambiental e o autismo (inclusive vacinas), embora o risco de desenvolver autismo tenha sido associado a fatores como a idade dos pais.

Mais confusos e desconcertantes talvez sejam os sintomas sugeridos de autismo: o mais frequentemente citado é a dificuldade de comunicação social, dificuldade de interação social e dificuldade de imaginação social.[7] Não experimentamos, porém, todos nós – em um momento ou em outro, e não tão raramente – esse tipo de dificuldade? Considerando o caráter comum da experiência, a estimativa de meio milhão de britânicos sofrendo de formas agudas ou brandas de "autismo" se assemelha perigosamente a um tiro no escuro.

"Talvez seja verdade que estejamos todos nos tornando autistas?", pergunta você, e tem todo tipo de boas razões para fazê-lo, considerando que a dificuldade com a "sociabilidade" – uma interação voltada para a compreensão mútua e a remoção, por esforço compartilhado, dos obstáculos no caminho desse propósito (que é, portanto, uma atividade que vem ganhando importância a cada dia, à medida que a diasporização do planeta segue resultando numa variação e numa heterogeneidade crescentes e na natureza multicêntrica dos hábitats) – é uma das aflições mais comuns e insidiosas a atormentar nossos contemporâneos, e está destinada a fazê-lo ainda por muito tempo.

A "sociabilidade", pode-se dizer, é uma postura e uma prática de curiosidade: de manter o portão aberto a aventuras arriscadas até então inexploradas e perturbadoramente desconhecidas. É uma atitude de mitigar e, ainda melhor, de suprimir o impulso de retirar-se da comunicação – de se separar, se emparedar e trancar as portas. O que a sociabilidade possibilita é partir para a "fusão de horizontes" de Hans Maria Gadamer – porém, mais coisas são necessárias para pavimentar o caminho de "juntar forças", isto é, para a solidariedade, para uma cooperação de gêmeos siameses. Em algum lugar no rumo que leva da sociabilidade à solidariedade, a aquisição de novas habilidades tem de acontecer: as habilidades cruciais de compartilhar o mundo e interagir com a diferença – habilidades sem as quais é impossível superar o medo do "estranho", do obscuro e, por isso, do muito inescrutável –, e, com lamentável frequência, o mal-estar (pesar) desmobilizador e potencialmente paralisante que experimentamos diante da incerteza (isto é, da ignorância de como proceder). O problema, contudo, é que numerosos aspectos da sociedade nos dias atuais tendem a obstruir a aquisição dessas habilidades, ou nos seduzem para evitar o duro trabalho de sua aquisição. E eles o fazem de maneiras sutis ou cruas, abertamente (com recomendações explícitas que fazem "apelo à razão") ou de forma sub-reptícia (manipulando os cenários de interação e os instrumentos de atuação). Abrigar-se on-line da diversidade perturbadora da existência off-line é uma das principais maneiras – talvez a mais importante e a mais eficaz – de como esses efeitos inoportunos podem ser engendrados.

Parece que o império que a essa altura invadiu, anexou e colonizou brutalmente metade da nossa vida de vigília – o império "on-line" – hoje dá o tom ao qual um número cada vez maior de nós adere para cantar. Seu impacto sobre o *savoir-être* e o *savoir-faire* populares (com certeza crescentemente comum e cada vez mais provável de tornar-se universal) está se expandindo e se aprofundando dia após dia. A metade on-line do universo dual que habitamos oferece a possibilidade de varrer para debaixo do tapete os desafios da coabitação com a diversidade – um tipo de possibilidade quase inconcebível no mundo off-line: em escolas, locais de trabalho, bairros, ruas da cidade. Em vez de encarar esses desafios de peito aberto e tomar a longa, acidentada e tortuosa estrada que leva da sociabilidade à cooperação e da cooperação à solidariedade, ela tenta seus visitantes com o luxo, em outro lugar inalcançável, de se desviarem deles, torná-los irrelevantes e ignorá-los. O que ela oferece, como resultado, é uma espécie de "zona de conforto": uma área livre de estranhos – e por isso livre de problemas –, apartada do tumulto das realidades off-line.

As "redes de amigos" do Facebook são equivalentes digitais de comunidades muradas compactamente corpóreas – embora, à diferença dessas réplicas off-line, elas não precisem de câmeras de vigilância nem de guardas armados à entrada: os dedos do compositor/administrador/usuário da rede, armados com um mouse e a tecla mágica "delete" são suficientes. A sociabilidade endêmica dos seres humanos é, por conseguinte, depurada do risco de desviar-se para a traiçoeira prática da colaboração e para a "fusão de horizontes" de que essa prática é prenhe – e de, finalmente, transformar-se em solidariedade. Sem aceitar esse risco, entretanto, as habilidades sociais caem em desuso e, por isso, no esquecimento. Quando isso acontece, a presença do estranho se torna ainda mais intimidadora, desalentadora, repelente e apavorante, ao mesmo tempo que as privações envolvidas numa eventual tentativa de elaborar um *modus vivendi* satisfatório com essa presença parecem ainda mais esmagadoras e, com efeito, insuperáveis.

Kurt Lewin, o psicólogo germano-americano considerado por muitos o pai da psicologia social, foi encarregado durante a Segunda Guerra Mundial de atender soldados da linha de frente com uma incapacidade rara e à época não diagnosticada. Embora fossem impecavelmente capazes de seguir rotinas rígidas, repetitivas e infrangíveis, os soldados em questão caíam em estupor – infelizes e impotentes – sempre que se encontravam num contexto que exigisse uma escolha entre ações alternativas. Para compreender a natureza dessa incapacidade, Lewin dividiu o conceito de "ação" em duas partes: ação num nível "concreto" e num nível "abstrato" – sugerindo que a enfermidade específica das vítimas da lesão na linha de frente era a perda de habilidade para agir no segundo dos dois níveis. De grande relevância para nossa questão, eu sugiro, é o tipo de terapia que Lewin projetou para lidar com a atribulação: um espaço de convivência planejado de tal modo que seus residentes nunca se viam diante da necessidade de comparar, calcular, escolher entre opções diferentes (por exemplo, só uma porta em cada quarto ou sala, só um interruptor, linhas desenhadas nos pisos em cor particular levando a uma – e apenas uma – destinação). E, de fato, nenhum visitante do exterior desse espaço tão simplificado de *Eindeutigkeit* ("não ambiguidade") pôde perceber qualquer tipo de "anormalidade" ou patologia na conduta dos residentes – isto é, até que esses residentes saíssem do condomínio para se unir ao mundo que demanda a capacidade de agir em ambos os níveis.

Eu me pergunto: não são as "redes sociais" um pouco aparentadas com o engenhoso dispositivo de Lewin – mesmo que as atribulações com que tenham de lidar sejam diferentes? Em ambos os casos, nós encontramos o mesmo expediente: prover uma "zona de conforto" para indivíduos que se sentem pouco à vontade e embaraçados no "mundo real", repleto de riscos incalculáveis, o qual estabelece padrões para habilidades sociais que eles são incapazes (ou não desejam, ou não têm interesse o bastante) para satisfazer? Uma zona livre de problemas, uma zona de segurança, uma zona dentro da qual se pode levar uma "vida normal", seguir seus desejos, gratificar suas necessidades e realizar seus sonhos sem pagar o preço que seria exigido caso se desejasse fazer tudo isso off-line, e sem as habilidades que seria preciso aprender e desenvolver. Não é provável, como no caso dos pacientes de Lewin, que esse expediente não cure os aflitos de suas aflições – se tanto, ele vai permitir fortificar e suportar, mediante mitigar as pressões que provavelmente exporiam sua gravidade, despojando, assim, a necessidade de uma cura de sua importância e urgência? Não seria ele capaz de alcançar esse efeito por transformar grosseiramente uma anormalidade em norma, tornando, por meio disso, eventuais padrões alternativos de interação ainda mais desalentadores, ainda mais geradores de ansiedade e, no fim das contas, menos suscetíveis de serem adotados? E, a propósito, tornando os que sofrem da variedade de autismo nascida on-line ainda menos capazes de operar no mundo off-line – o mundo que projeta o modo autista de estar no mundo como patológico – e ainda mais dependentes de se verem abrigados no interior da "zona de segurança" on-line?

· 8 ·

Metáforas do século XXI

RICCARDO MAZZEO: Em *Para que serve a sociologia?* eu redescobri um eco da defesa da metáfora feita por Marcel Proust (o primeiro dos meus mediadores) em *À sombra das raparigas em flor* ao falar de Elstir. Relembrando o problema fundamental da transmissão que debatemos antes, é significativo que esse eco apareça na citação de um texto de sua filha, Anna Sfard:

> A linguagem é parte da elaboração do conceito da mesma forma que os sons são parte da elaboração musical. Em lugar de ser visto como mero instrumento para captar ideias já prontas, é ... o meio em que tem lugar a criação de novos conceitos. É um portador de estruturas conceituais que usamos para organizar nossa experiência. ... Graças aos transplantes de estruturas conceituais, a própria linguagem está em processo de desenvolvimento constante. Tal como um organismo vivo, ela tem a inevitabilidade da mudança e do crescimento inscrita em seus genes. Em suma, uma das mais importantes mensagens da pesquisa contemporânea sobre as metáforas é que linguagem, percepção e conhecimento são inextricavelmente interligados.[1]

Mais que qualquer outro autor, Proust usou a metáfora em busca das palavras que teriam sido capazes e saberiam como expressar o inefável e a descontinuidade do coração que define os seres humanos por trás de suas máscaras sociais: inicialmente, a intelligentsia literária francesa riu dele, especialmente André Gide, que depois reconheceria sua grandeza. Mas o essencial está precisamente na síntese admirável de Anna Sfard, "linguagem, percepção e conhecimento são inextricavelmente entrelaçados".

E você explica em seu livro como os antigos estavam equivocados em sua opinião de que as metáforas fossem "meros adornos discursivos, como berloques que seria melhor evitar em nome da clareza".[2] Ao contrário, "as metáforas prestam um serviço de enorme importância. Servem à imaginação e à compreensão. São arcabouços indispensáveis da imaginação e talvez as ferramentas mais efetivas para a compreensão".[3] E você também se lembra do nosso reverenciado Gregory Bateson e sua "situação de aprendizagem terciária: a necessidade de restaurar uma rede conceitual estabelecida densa demais ou rara demais para captar novos fenômenos num arcabouço cognitivo com a finalidade de salientar características que de outro modo seriam imperceptíveis".[4]

Na análise final, quando a realidade muda de maneira importante e não há palavras para captar as novas imagens que surgem diante dos nossos olhos, nós não sabemos como descrever tais casos com as palavras que até aquele momento tinham sido adequadas, e então as metáforas podem nos socorrer. Foi o que ocorreu com as metáforas "poder, classe, indivíduo, grupo, relações humanas, laços sociais, até 'sociedade'",[5] e isso aconteceu admiravelmente com sua expressão "modernidade líquida", adotada por todos, do presidente do Banco Central da Europa, Mario Draghi, ao jornalista brilhante e corrosivo do *Repubblica*, Michele Serra. As metáforas nos ajudam a encontrar nossa direção no mundo.

Assim, além de "modernidade líquida", quais seriam as metáforas do século XXI? Meu amigo Stefano Tani, professor de literatura que lecionou por nove anos nos Estados Unidos e agora voltou à Itália, onde é professor titular na Universidade de Verona, listou três: *telas, mal de Alzheimer* e *zumbi*.[6] Telas dizem respeito a olhar para si mesmo; mal de Alzheimer, a esvaziar-se; e zumbi, a transformar-se.

Tani afirma que a passagem da página escrita para a tela através da qual nós acessamos a internet foi precedida pela passagem do diálogo para a palavra escrita: na verdade, foi Platão, com sua atitude desdenhosa e desconfiada em relação à metáfora, que traiu Sócrates desobedecendo à sua solicitação de não pôr suas palavras em forma escrita. E, claro, Kafka, que também foi traído por seu amigo Max Brod, que não respeitou suas instruções de queimar sua obra e passou adiante as obras-primas, as quais, não fosse por isso, teriam se perdido – porém, *essa* passagem da página escrita para a tela do computador, tablet ou iPhone é muito mais crucial. Afinal, escrever o pensamento propicia aprofundar o insight: uma pessoa que escreve reflete sobre seus pensamentos, desenvolvendo-os e elaborando-os. A escritura está para a reflexão aprofundada assim como a rede para a superficialidade fugaz. Tani escreve: "O mundo da modernidade líquida vê em todo mergulhador subaquático um suicida aspirante, um homem que deseja se afogar. Ele prefere a gaivota, que desliza sobre a água apanhando com o bico o que flutua na superfície."[7]

Essa é a norma nos dias da selfie, que depende de autocentramento extremo e do fato de que cada pessoa, tendo excluído a sociedade, só está consigo mesma, só se sente segura consigo mesma, num mundo descrito e percebido como cada vez mais ameaçador e hostil – finalmente, a tela se torna comparável a um espelho, representando a extensão mais protetora de si mesmo. Tani observa como homens e mulheres tradicionalmente usaram seus instrumentos de trabalho segurando-os por trás:

> Desde o carrinho de mão até a serra elétrica e o aspirador de pó: geralmente não olhamos o objeto – por assim dizer – nos olhos. Contudo, assim como milhares de anos atrás homens e mulheres desenvolveram sentimentos recíprocos quando começaram a se unir face a face, eles hoje estão desenvolvendo uma dependência, talvez uma afeição, pela tela de seus dispositivos, pois, para utilizá-los, precisam necessariamente olhá-los naquele olho chamado display.[8]

De fato a tela ampara e escuda, protegendo-nos dos outros humanos, que se tornaram, embora não exatamente inimigos, pelo menos potencialmente destrutivos.

Hoje, 25 de junho de 2014, eu começo a escrever novamente para concluir esse pequeno texto para você, e no *Repubblica* encontrei um texto que corrobora seu conceito: em seu artigo de jornal "La nostra vita da immigrati digitali", você menciona o preço que pagamos por nossa confortável/conveniente vida on-line: "Atenção, concentração, paciência e a possibilidade de vida duradoura." Em seu livro, Tani debate a segunda metáfora do século XXI, o mal de Alzheimer:

> Não por consumpção (como na tuberculose) ou invasão (como no câncer), mas por evasão, a evacuação do ego de um corpo bombardeado durante toda a sua vida por um montante de informações e exigências que são extraordinárias em sua intensidade e número, em comparação àquelas enfrentadas pelas gerações anteriores. ... Alguém que sofre do mal de Alzheimer é como um computador que sobreviveu à perda de memória, tornando-se mero receptáculo destituído de função e, consequentemente, de sentido – a placa-mãe é desmagnetizada, os dados sobrepostos em caminhos não mais programados, caindo a zero num fluxo descendente. Com personagens desesperançados, mutilados, afásicos e amnésicos, Samuel Beckett foi o dramaturgo pioneiro que antecipou essa metáfora anulatória do século XXI.[9]

O outro problema é que esse procedimento de "esvaziamento" acontece hoje apesar do enorme fluxo de informação que entra, pois, como você enfatizou, a memória é delegada a dispositivos eletrônicos, e essa pessoa *upgraded* em que acreditamos estarmos nos tornando perde inevitavelmente as capacidades não mais empregadas. Como diz Tani, citando McLuhan, toda extensão [também] é uma amputação: "Qualquer invenção ou tecnologia é uma extensão ou autoamputação de nosso corpo físico, e essa extensão também exige novas proporções e novos equilíbrios entre os outros órgãos e extensões do corpo."[10]

Você falou com frequência sobre a nova indústria de gerenciamento de lixo que se desenvolveu até envolver o conjunto da sociedade ocidental. Você escreveu que, da mesma maneira que as notícias que recebemos todos os dias têm como objetivo principal cancelar e fazer esquecer o que recebemos até o dia anterior, nós estamos ocupados demais cancelando spams e mensagens indesejadas que conseguiram se infiltrar na nossa caixa de mensagem "oficial" para ter tempo de escrever qualquer mensagem com um significado verdadeiro e que não seja mera expressão de etiquetas eletrônicas. Como escreve Tani:

> Para salvar uma coisa, outra é cancelada e tudo persiste por bem pouco tempo, da mesma maneira que o tempo foi reduzido para qualquer outra atividade: férias, casamento e trabalho, muitas vezes limitado por contratos de curta duração. ... Tudo é de segunda mão, e nós estamos tão habituados a informações e imagens de segunda mão – mas em HD – que qualquer coisa de primeira mão com frequência parece inadequada.[11]

A imagem do zumbi descende da metáfora do mal de Alzheimer. Num mundo em que o corpo é constantemente treinado em academias de ginástica e mantido "esbelto" e "em forma" com as dietas, ele acaba se esquecendo de atestar quem nós somos, que é o que ele deveria fazer, e, ao contrário, nos escapa entre os dedos – projetados como somos em conexões virtuais, nossa mente resta como a única expressão humana que ainda tem algum valor. Ao nos despojar desse aspecto, o mal de Alzheimer nos transforma em zumbis mortos-vivos.

Tani revela a conexão muito forte entre o mal de Alzheimer e os dispositivos eletrônicos aos quais nós confiamos nosso eu ou (em italiano) "*io*", num comentário persuasivo tomado do romance de Lisa Genova, *Para sempre Alice*[12] (talvez não seja acidental que a primeira letra "i" em iPhone não seja reservada ao "eu" ou "*io*", mas a um telefone, como se a conceder supremacia ao gadget). Alice é uma brilhante professora de psicologia em Harvard, com uma memória prodigiosa, seu desempenho multitarefa é muito forte – "ela está sempre fazendo três coisas ao mesmo tempo e pensando em doze" –,[13] mas aos cinquenta anos começa a sofrer de uma forma prematura de Alzheimer, e em poucos meses sua vida se desintegra.

Sua família fala sobre a doença na frente dela, como se ela não estivesse presente, como ela fosse um objeto na sala; falar em público se tornou impossível; ela se apoia em instruções que programa em seu BlackBerry, pois se esquece de tudo, exatamente como os personagens de *Cem anos de solidão*, de Gabriel García Márquez, acometidos por uma praga de insônia (e perda de memória), se apoiavam em anotações escritas em papeletas até não serem mais capazes de entender o que tinham escrito. Alice também decide que irá cometer suicídio quando o tratamento a que se submete deixar de fazer qualquer efeito, e essas instruções também foram inseridas no seu BlackBerry. No entanto, após um dia difícil, seu marido acha o telefone celular dela no congelador, irreparavelmente danificado, e isso é verdadeiramente o fim: *"Que ridículo, por que estou tão perturbada por causa de uma agenda eletrônica quebrada?* Talvez o fim de sua agenda simbolizasse o fim de sua posição em Harvard e ela estivesse pranteando a perda recente de sua carreira. Isso também faz sentido. Mas o que ela experimentou foi uma tristeza inconsolável com a morte do seu BlackBerry."[14]

Em seu livro, Tani presta uma bela homenagem a você e seu livro *Homo consumens* (2007).[15] O autor descreve uma cena do segundo filme de George A. Romero sobre zumbis, *Despertar dos mortos* (1978). Nesse filme, os zumbis, que, como Lázaro, não estão completamente mortos, mas tampouco completamente vivos, sentem um desejo irresistível de voltar ao lugar de que mais haviam gostado durante suas vidas, o shopping center, e é lá que são vistos, cambaleantes e repulsivos, por alguns homens sobreviventes que voam sobre o local em helicóptero. Um deles pergunta: "O que eles estão fazendo? Por que vieram pra cá?" E outro responde: "Algum tipo de instinto. Memória do que eles faziam. Esse lugar foi importante na vida deles." Tani comenta:

Os zumbis surgem significativa e sinistramente como consumidores que, apodrecendo e cambaleando, retornam ao seu paraíso na terra, o único lugar que preservaram em suas memórias. Seria possível acrescentar que, enquanto a riqueza hesitante do Ocidente e o Estado de bem-estar social existirem, os consumidores vão se consumir por consumpção, para serem afinal consumidos por outros consumidores aprendizes ávidos que chegam do Oriente.[16]

Eu me pergunto se você acha essas metáforas do novo século pertinentes e se outras lhe vêm à mente.

ZYGMUNT BAUMAN: Que pena eu não poder ter acesso ao texto original de Stefano Tani, pois provavelmente vai levar um tempo considerável antes de a tradução inglesa estar disponível. De suas citações e comentários, eu concluo que Tani é um pensador formidável, apuradamente incisivo e inteiramente original, com muitos insights esclarecedores a oferecer e compartilhar. Para evocar o estudo fundamental de George Lakoff e Mark Johnson, *Metáforas da vida cotidiana* (1980): "A metáfora é ubíqua na vida cotidiana, não só na linguagem, mas em pensamento e ação. Nosso sistema conceitual comum, em termos do qual tanto pensamos quanto agimos, é fundamentalmente metafórico em sua natureza." As metáforas "governam nosso funcionamento cotidiano, até nos detalhes mais mundanos". Ao propor três metáforas dominantes mais adequadas, na opinião dele, para captar e expressar a experiência de viver no século XXI, Tani busca nada menos que repensar e atualizar não apenas nosso modo de pensar sobre o mundo que habitamos, mas o nosso "funcionamento cotidiano" dentro dele. Ou, considerando o poder de administração de condutas das metáforas, ele visa assistir/aperfeiçoar a faina de repensar/atualizar que já vai bem avançada.

O traço notável da escolha de Tani é que todas as três metáforas propostas são relacionadas ao ego. O objetivo delas é captar e representar inteligivelmente o que nós hoje estamos inclinados a pensar e a fazer de nós mesmos. A seleção de Tani supõe, portanto, assim como sugere, que as preocupações sobre as quais nosso pensamento e nossa ação estão focados são autorreferenciais. Na verdade, a autorreferencialidade é o denominador comum das três metáforas da escolha de Tani. A metametáfora ou metáfora matriz não mencionada – ainda que implicada pela seleção de Tani, uma metáfora sintética da qual todas as outras metáforas da metafórica do século XXI são especificações – é, consequentemente, Narciso.

Há pouco (se houver) com que se admirar. A metametáfora dos séculos XIX e XX foi Pigmaleão apaixonando-se por Galateia – uma criação de suas próprias habilidades consumadas de projetar/desempenhar. Cheio de reverência, alumbramento e admiração, Pigmaleão se ajoelhou ao ver a perfeição de seus próprios poderes criativos. Galateia simbolizava o que os seres humanos – ou pelo menos os grandes artistas entre eles – podem fazer, estão fazendo e se determinam a fazer com o mundo: com matéria e espírito, com natureza e sociedade. Ela simbolizava a capacidade humana, humana até demais, de tornar o mundo maleável e obediente aos sonhos e concepções, à vontade e ao know-how humanos. Foi nesses séculos que a aventura histórica dos homens com a gerência do Universo alcançou o ápice, e os aventureiros sentiram que estavam vislumbrando a outra encosta, antes invisível, do desfiladeiro (para usar a apurada metáfora de Reinhart Koselleck) que tinham escalado – confrontando suas premonições confiantes e tumultuosas com realidades sombrias, muitas vezes horrendas e desalentadoras.

La Meta-métaphore est morte, vive la Meta-métaphore... Com Pigmaleão destronado, o trono vacante estava pronto para receber seu sucessor: Narciso. Não houve mudança de dinastia: Narciso e Pigmaleão eram ambos descendentes da mesma linhagem prometeica, célebre e reverenciada pelos dons de poder e conforto. Todavia, como acontece de tempos em tempos, a coroação do novo ocupante sinalizou mudança – e uma mudança radical – na fé e no culto: agora, como ocorreu então, *cuius regio, eius religio* (conforme proclamaram os líderes supremos da época no limiar da era moderna, a era de diferenciação e fragmentação crescentes, concomitantes a um espessamento cada vez mais intrusivo, intrometido e interferente da comunicação). Sobre o altar do novo templo não paira mais um mundo feito pelos homens e administrado pelos homens (representado pelas figuras da natureza ou por aquelas da sociedade). Em vez disso paira o seu próprio produtor/administrador – conquanto agora fora de seu escritório e reencarnado na figura do consumidor focado em si mesmo e preocupado consigo mesmo.

Consumidor... Mais uma metáfora! Sua raiz (latina) – *consumere* – significa "gastar, exaurir, desgastar, destruir". Entre os muitos significados correlatos da raiz (mais uma vez latina) do seu oposto, o produtor – *producere* – estão símiles como "dar origem, causar, criar, trazer ao mundo". Reduzida ao seu essencial desnudado, a oposição se dá entre acrescentar ao mundo que nós compartilhamos e tirar do mundo que compartilhamos. Ou entre criar e destruir.

Uma das primeiras premonições de que o consumidor estava prestes a substituir o produtor no papel de personagem central da sociedade (como os primeiros antropólogos teriam dito, sua "personalidade básica") surgiu já em 1955, com Victor Lebow:

> Nossa economia enormemente produtiva demanda que façamos do consumo o nosso modo de vida, que convertamos a compra e o uso de bens em rituais, que busquemos nossas satisfações espirituais, as satisfações do nosso ego, no ato do consumo. A medida de status social, ou de aceitação social, de prestígio, deve agora ser encontrada em nossos padrões de consumo. O próprio significado e a significância mesma de nossas vidas se expressam hoje em termos consumptivos. Quanto maior a pressão sobre o indivíduo para conformar-se a padrões sociais seguros e aceitos, mais ele tende a expressar suas aspirações e sua individualidade em termos do que ele veste, dirige, come – sua casa, seu carro, seu padrão alimentar, suas formas de lazer.[17]

Hoje, sessenta anos depois, o novo estado de coisas foi vividamente retratado pela série de Jacques Peretti na BBC *O homem que nos fez gastar*. Em sua crítica, Filipa Jodelka observa que, "como o programa mostra, toda a nossa economia depende dessa máquina de gasto perpétuo, e a civilização meio que chega a um beco sem saída quando esse esquema quebra".[18]

Mais uma razão para a figura de Narciso ser apropriada a fim de substituir a figura de Pigmaleão e assumir o papel da metametáfora para o cidadão essencial do nosso século: se Pigmaleão se apaixonou por uma pesada e sólida escultura de mármore, o epítome da permanência e da durabilidade, Narciso está apaixonado por seu reflexo na superfície de um rio – matéria continuamente em movimento e mutação, o próprio epítome da instabilidade, como já registrara Heráclito em sua observação de que não se pode entrar duas vezes no mesmo rio.

Georges Perec, posteriormente autor de *A vida, modo de usar*[19] – até hoje, na minha opinião, o melhor sumário da experiência do século XX –, foi talvez o primeiro a intuir a chegada iminente de Narciso, em *As coisas*.[20] Sobre Jérôme e Sylvie, os heróis desse romance, respectivamente 24 e 22 anos (jovens?), ele escreveu: "Eles só possuíam, infelizmente, uma única paixão, a paixão por um padrão de vida melhor, e isso os exauriu."[21] Em *A cultura do narcisismo* – estudo fundamental ao qual retornarei adiante –, Christopher Lasch resumiu sucintamente a experiência de viver nesse tipo de mundo: "Na nossa sociedade, a experiência diária ensina o indivíduo a querer e a necessitar um suprimento interminável de novos brinquedos e drogas." Já no limiar do século XX, Thorstein Veblen[22] reconheceu os sintomas pródromos de coisas futuras, coisas destinadas a reciclar as trajetórias de vida de Jérôme e Sylvie, transformando-as numa fiada interminável de esforços para alcançar o degrau superior:

> Os membros de cada estrato aceitam como seu ideal de decência o esquema de vida em voga no estrato imediatamente superior, e aplicam suas energias para viver à altura desse ideal. Sob ameaça

de perderem seu bom nome e o respeito próprio em caso de fracasso, eles têm de se conformar com o código aceito, pelo menos em aparência.²³

Eis o problema: "pelo menos em aparência". Sessenta ou setenta anos depois de Veblen colocar essa observação no papel, a aparência conquistou a realidade e conquistou/colonizou o reino da realidade. Ela se elevou ao status do "simulacro", de Jean Baudrillard, célebre por obliterar a diferença entre realidade e simulação, e relegou essa diferença à categoria dos "indecidíveis" de Jacques Derrida – assim como as doenças psicossomáticas eliminam a diferença entre a doença e sua imaginação. Narciso vive em realidades construídas, como o reflexo de seu rosto, o reflexo de aparências. Narciso ganha o papel de metametáfora numa época em que a aparência é a coisa que realmente importa. Em tais épocas, são as aparências que se tornam os verdadeiros "fatos sociais" de Émile Durkheim (robustos e imutáveis, como Durkheim os descreveu, esmagadores, indomáveis, não negociáveis, resistentes às tentativas de livrar-se deles com argumentos ou mesmo com o desejo). Eles ficam sempre um passo à minha frente (ou um degrau acima), e a vida para mim, como para todo mundo, se torna, consequentemente, um esforço contínuo – tão desesperado quanto condenado – para elevar-me ao nível deles: ao "esquema de vida em voga". "Eu não passo adiante, a responsabilidade é minha" – como Harry Truman foi memoravelmente forçado a afirmar ao enfrentar um problema diferente, mas estruturado do mesmo modo.

As metáforas de telas, mal de Alzheimer e zumbi de Tani, de modo muito semelhante ao traço de autorreferencialidade que elas compartilham, podem ser vistas como transmutações enraizadas na (permitidas pela, tornadas prováveis pela) matriz metametafórica de Narciso. A tela referindo-se a "olhar para si mesmo", o mal de Alzheimer aludindo a "esvaziar-se" e o zumbi remetendo a "transformar-se" simbolizam os traços/facetas definidores de Narciso. Por isso, como condição existencial de viver numa sociedade de consumidores, essas atividades interpretam a marca registrada dos consumidores.

Todas as nossas percepções do mundo "em geral" – fora do nosso corpo e além da nossa autoimagem – tendem a seguir o padrão das selfies: o artifício mais recentemente habilitado pela tecnologia, entusiasticamente adotado e agora substituindo todos os demais modos de registro fotográfico, os quais estão em envelhecimento rápido, à velocidade de um incêndio na floresta ou da Peste Negra. Como salientou recentemente Nicolas Rousseau:

> Ninguém que deseje fazer um autorretrato se incomoda hoje com disparadores remotos ou temporizadores. Nós, os narcisos dos dias atuais, simplesmente colocamos nossa câmera ou telefone em frente ao nosso rosto antes de apertar o botão. A câmera não se abre mais para o mundo; ela fecha no rosto. O ponto de fuga não está mais no horizonte, à extensão do braço que segura a câmera, mas nos nossos corpos.[24]

Porém, por que nós, "os narcisos atuais", aceitamos com tanto ardor e tão imperiosamente a oferta das selfies feitas pelas câmeras e pelos telefones, de "fechar em nós" o nosso documentário contínuo da vida? Estou inclinado a aceitar a explicação de Christopher Lasch acerca dessa bizarra guinada cultural como, de longe, a melhor até aqui sugerida. O narcisismo, diz Lasch, é "a visão de mundo dos resignados".[25]

> A sociedade que teme não ter futuro provavelmente não há de dar muita atenção às necessidades da geração seguinte, e o sentimento sempre presente de descontinuidade histórica – a praga da nossa sociedade ... A percepção do mundo como um lugar perigoso e proibitivo, embora se origine numa consciência realista da insegurança da vida social contemporânea, recebe reforço da extroversão narcisista de impulsos agressivos ... O culto das relações pessoais, que se torna crescentemente intenso à medida que as soluções políticas retrocedem, oculta um desencantamento rematado com

relações pessoais, assim como o culto da sexualidade implica um repúdio da sensualidade em praticamente todas as suas formas primitivas.[26]

"Experiências de vazio interior, solidão e inautenticidade ... advêm de condições (sociais) semelhantes às da guerra, de perigo e incerteza que nos cercam, da perda de confiança no futuro." Nós estamos cada vez mais dependentes do "calor vicário produzido por terceiros combinado com o medo da dependência". "O culto americano da amabilidade", conclui Lasch, "oculta mas não erradica uma competição homicida por bens e posições" – na verdade, por sobrevivência social – num mundo que é tão indiferente de forma ostensiva e humilhante e exasperadamente desobediente aos nossos desejos e necessidades.[27] "A cultura do narcisismo" no título do livro de Lasch reflete a capitulação das esperanças de tornar o mundo mais atencioso. Essa capitulação brota e floresce da experiência sem perspectiva de abandono, exclusão e solitude; de ser deixado a si mesmo, amargamente inadequado, sem recursos; de ser exilado sem direito a retorno, exceto em fantasia, do (como Freud formulou em seu ensaio de 1914, *Sobre o narcisismo*) paraíso original de "contentamento oceânico do útero", o qual passamos o resto de nossas vidas nos esforçando para recompor – em vão.

Talvez estejamos fazendo isso desde o começo da história humana. Mas nunca tanto quanto agora as densas redes dos laços comunais ou familiares – esses substitutos ingênuos, astutos, ainda que "dados naturalmente", da bem-aventurança no estilo nirvana de segurança – foram tão pouco confiáveis, tão frágeis e diladeradas pela competição implacável, a desconfiança e a inimizade recíprocas. Em tempo nenhum "a tensão entre o desejo de união e o fato da separação"[28] foi tão esmagadora, perniciosa e deprimente; numa sociedade em que o sucesso não significa simplesmente progredir, mas passar adiante *dos outros*, resta pouco e cada vez menos espaço para "a intimidade pessoal e o compromisso social", como relata Michael Maccoby em seu estudo acerca de 250 administradores de empresas.²⁹ Os narcisos de nosso tempo se esforçam duramente, mesmo que com sucesso apenas moderado, para se livrar da tensão incapacitante, vacilando entre dois estratagemas opostos. Um é a reunião a "uma mãe" – ainda que reencarnada numa longa linhagem de efígies defletindo desde seitas fundamentalistas, religiosas ou seculares até uma rede de "amigos" no Facebook; o outro, "um estado de completa autossuficiência", "a negação de toda e qualquer necessidade de outros":³⁰ sofrê-lo estoicamente enquanto faz o melhor de algo que não vale a pena. Ambos os expedientes são tão tentadores quanto ineficazes, em particular, como solução de longo prazo, e não como uma pausa momentânea. De maneira cáustica, mas num grau lamentavelmente correto, Jean M. Twenge e W. Keith Campbell sugerem que o "narcisismo é o fast-food da alma. O sabor é ótimo a curto prazo, porém tem consequências negativas, até lúgubres, a longo prazo, mas ainda assim continua a ter seu apelo disseminado".³¹

Narciso se eleva merecidamente ao grau de metametáfora numa sociedade marcada – para lançar mão da caracterização de Lasch – pelo "sentimento de desabrigo e deslocamento que hoje afeta tantos homens e mulheres em sua vulnerabilidade ampliada até o nível da dor e da privação, e pela contradição entre a promessa de que eles podem 'ter tudo' e a realidade de suas limitações".³² O que buscamos nesse tipo de sociedade é uma vida gratificante num ambiente que é – e só pode ser – independente dos nossos desejos, e todavia "suscetível às nossas necessidades". Lasch sugere que é o amor e o trabalho que "capacitam cada um de nós para explorar um cantinho do mundo e lograr aceitá-lo como ele é. Nossa sociedade, porém, tende a desvalorizar pequenos confortos ou, ao contrário, a esperar demasiado deles. ... Nós pedimos demais da vida, e muito pouco de nós mesmos".³³

A sabedoria popular inglesa aconselha: "Se não pode vencê-los, junte-se a eles." Não deveria Narciso, o arquétipo do consumidor, a fim de satisfazer suas ambições e expectativas, evocar e reaprender as artes geralmente esquecidas e perdidas de Pigmaleão, o arquétipo do artífice? Ele pode fazê-lo, com a condição de que a cultura que o promoveu ao grau de metametáfora consiga mudar seu foco do tomar para o dar, da destruição para a criação, das lojas para o amor e o trabalho.

Trata-se de um desafio de Gargântua, de uma tarefa hercúlea. Ainda assim, ele deve ser encarado de peito aberto – e urgentemente. Enfrentá-lo é a metatarefa de cuja realização dependem todas as demais tarefas vitais.

· 9 ·

O risco da tuiteratura

RICCARDO MAZZEO: Eu sempre admirei Susan Sontag, mas depois que você citou o trabalho dela senti necessidade de tirar seus livros da prateleira e relê-los; assim, ao ler os comentários elogiosos de Sontag à obra da escritora croata Dubravka Ugrešić, eu comprei e li o último livro dessa autora, *Karaoke Culture*.[1] Dubravka escolhe a palavra japonesa *karaoke* (que significa "orquestra vazia") – compreendida menos como a ideia democrática de que "todos nós podemos fazer, se quisermos" do que como a prática democrática segundo a qual "todos nós queremos porque podemos ter" – para descrever nosso mundo atual, caracterizado pelo que você definiu como uma "metametáfora" da existência contemporânea. Aqui nós vemos Narciso expresso não só como a interpolação da voz de uma terceira pessoa sobre uma base musical (a "orquestra vazia" japonesa), mas também como possibilidade de encarnar a metáfora de Tani sobre reflexão, esvaziamento e transmutação.

Hoje as pessoas estão mais concentradas em fugir de seu verdadeiro ego do que em encontrá-lo. Enquanto isso, o ego se tornou um conceito aborrecido e pertencente a outra cultura. A possibilidade de transformar-se, submetendo-se a metamorfoses e se transportando para algum outro ser ou objeto é muito mais divertida que explorar interiormente seu próprio ego. A cultura do narcisismo foi transmutada em cultura karaokê, ou talvez tenha sido sua mera consequência.[2]

Não é preciso lembrar que a internet é responsável pelo triunfo da cultura karaokê; ela é descrita por Dubravka Ugrešić como:

> O maior barril de pólvora despejado sobre a chama eterna de nossas fantasias e nossa imaginação ... como um pesadelo de Mao Tsé-tung sobre um campo em que cem flores de fato florescem ... agora há um megakaraokê em que 1 milhão de pessoas agarram microfones para cantar sua *versão pessoal* da canção de outro. Canção de quem? Não importa: a *amnésia* parece ser um subproduto da revolução da informação. O importante é *cantar*.[3]

Os problemas dessa jovial revolução, essa democratização que exalta a informação, a educação e a estética, são a erosão cada vez mais conspícua de toda competência ou expertise, a perda ainda mais perturbadora da credibilidade e a pulverização de toda cultura verdadeira, a qual, então, é reciclada como pseudocultura. Não por acaso o professor Alan Kirby, que leciona literatura em Oxford, cunhou o termo "pseudomodernismo" para descrever um fenômeno que tende ao rebaixamento irrefreável da linha de corte, com as pessoas – com frequência muito jovens – que podem publicar suas opiniões a favor ou contra qualquer assunto sob o sol e um público que se mostra cada vez menos inclinado a ler livros e jornais, pois é mais fácil investir sua fé nos pouco confiáveis blogs e na Wikipédia. Engraçado e trágico ao mesmo tempo é a caricatura da *New Yorker* mostrando um cachorro diante de um computador comentando com outro cachorro: "Na internet ninguém sabe que você é um cachorro."

Há um livro de Jonathan Franzen, publicado entre as suas duas obras-primas narrativas, *As correções* e *Liberdade*, que, embora vagamente autobiográfico, de vez em quando deriva para reflexões não ficcionais... Aquelas observações que, num romance, emergem mimeticamente de personagens, percebidas abaixo da superfície, através de zonas de luz e sombra e ambivalência que existem em cada um de nós. O título desse trabalho é *A zona do desconforto*, e seu tema principal é o desconforto não apenas intrínseco a todo renascimento que se dá com a adolescência, mas também a fonte da qual brotam os erros e fracassos essenciais para criar o cansaço e a frustração na vida, desconforto que, se tudo correr bem, torna a vida completamente humana. Uma longa série de partos dolorosos se sucede ao primeiro nascimento, o que nos trouxe ao mundo, dando início a desafios que desapareceram do nosso mundo, o qual é cada vez menos corajoso – partos que, embora dolorosos, levam a transformação, metamorfose e desenvolvimentos. Contornar esse desconforto significa extraviar-se do caminho transubstancial rumo ao nosso existir no mundo junto com os outros, sua diversidade, seu *heteros* (ἕτερος, ἕτερο) – em resumo, significa não participação na vida real.

> Avatares satisfazem nossos desejos fantasiosos de nos tornar outra pessoa em outro lugar. Adultos os usam para voltar à infância, que representa a *zona de conforto* quintessencial. O mundo virtual é outra *zona de conforto*. Os adultos que jogam *Second Life* experimentam situações sem riscos nem consequências – eles voam, mas jamais caem, ... eles fazem sexo desprotegido ... . Os jogadores têm controle pleno de seu mundo: como deuses, são capazes de se conectar e desconectar a seu bel-prazer. Com jogos de simulação, jogadores juvenis de *Second Life* aprendem muito sobre a vida adulta. Uma garotinha criou para si um avatar de prostituta. Ela disse que não era uma coisa tão ruim; afinal, ela não estava *se* prostituindo, mas o seu avatar.[4]

A revista *Internazionale* publicou recentemente comentários da autora Corinne Atlas: "Os romances estão desaparecendo das listas de mais vendidos no Japão."[5] Em primeiro lugar estão os mangás, seguidos de várias adaptações, e, como no Brasil e nos Estados Unidos, um grande número de manuais de bem-estar e autoajuda. Basicamente, a fim de aprender o que precisamos para ter uma vida melhor, nós mudamos de alguma solução pré-digerida e facilitada para o aconselhamento de "especialistas". Na verdade, Dubravka Ugrešić aludiu à difusão exponencial de romances para telefone celular no Japão (em japonês, *keitai shosetsu*). Aqui, nós cruzamos a fronteira para adaptações de adaptações, ou mesmo para histórias que mal foram esboçadas e que são totalmente estranhas a qualquer coisa que pudesse remotamente ser definida como "literatura":

> Romances para telefone celular são produtos amadores não filtrados; a linguagem é simplificada, a trama é primitiva, e a forma, tradicional. Geralmente, a heroína é uma jovem com passado provinciano que deve enfrentar situações difíceis (ela é estuprada, ou fica grávida, ou é abandonada pelo namorado etc.). Em sua maioria, os autores são mulheres jovens que deixaram a escola e têm baixo nível educacional.[6]

Afinal, se os clássicos literários são repetidamente saqueados, desmembrados e tornados "compatíveis" com a falta de cultura e o gosto vacilante de leitores desencaminhados por aqueles que transformam *Mulherzinhas* em *Mulherzinhas vampiras* e *Alice no País das Maravilhas* em *Alice no País dos Zumbis*, logo as únicas obras dignas de serem publicadas serão a *tuiteratura*, que já tem milhões de leitores em redes sociais.

Uma nota de rodapé de Dubravka Ugrešić sobre o tema de *Second Life* me trouxe à mente o livro de Edgar Morin *O homem e a morte*. Ela diz:

> Desde o seu nascimento, a espécie humana usou a religião para viver vidas paralelas com paixão e devoção. Somente 2,2 bilhões de cristãos no mundo hoje acreditam na história de *SL* [*Second Life*]. O fato de o jogo de computador *SL* ser ligeiramente diferente do conceito religioso é insignificante. O fato é que o cérebro humano está sempre pronto a se transportar para outro mundo. Por isso, a teoria de que o Google é o Todo-Poderoso se torna um pouco mais plausível.[7]

Em seu livro de 1951, Morin propôs um insight antropológico poderoso e astuto sobre as atitudes humanas em relação à morte e dois conceitos principais, apresentados em apoio ao seu argumento:

dualismo e morte-renascimento. Essas duas formas de fuga – embora não da morte ela mesma, mas da *ideia* de morte – sempre existiram, transfiguradas de maneiras muito diversas, entrelaçadas em sistemas filosóficos bastante sólidos, e até mesmo prontas a brotar de vez em quando do ateísmo de Ludwig Feuerbach.

No comunismo, isso ganhou corpo na crença na salvação terrena, com as pessoas prontas a se sacrificar por um mundo melhor e mais justo no futuro; nos períodos mais férteis do catolicismo, os pobres eram facilmente manipulados e mantidos num statu quo passivo graças ao preceito de "dar a César o que é de César", tendo a consolá-los a esperança da vida após a morte, em que "os últimos serão os primeiros". Era relativamente fácil impor obediência às massas quando lhes era proposto um projeto, uma expectativa, uma fé – fosse isso investido em Deus, na ditadura do proletariado, na ciência ou na tecnologia. Também foi simples canalizar o ódio que batia nos corações humanos e dirigi-lo contra o "inimigo" no mito fascista de *jus soli* ("direito de solo") e raça, como fazem os islamitas radicais hoje ou muitos russos modernos que ainda são crentes resolutos na vanglória da Grande Mãe Rússia (um amigo meu russo que você conheceu e que está longe de ser um fanático em muitos outros aspectos com frequência sonha nostalgicamente com o Grande Exército Russo, a música e os discursos do Império e as paradas militares). No nosso mundo ocidental esvaziado de qualquer forma de projeto futuro ou de qualquer fé, submerso pelo mergulho de Pigmaleão no lago de Narciso, despojado de qualquer valor ou sensibilidade, o que resta além da pseudocultura do karaokê criada por *wannabes*, *Doppelgängers*,* *sósias* e *avatares*?

ZYGMUNT BAUMAN: Muitos anos atrás eu sugeri que, em vez de falarmos sobre identidade, deveríamos, antes, quando desejássemos captar o modo de estar no mundo hoje prevalecente, falar de identificação: de um esforço incessante, ininterrupto, exceto

---

* *Wannabes*: pessoas que fingem ser o que não são; *Doppelgänger*: duplo eu ou sósia. (N.T.)

por um breve momento de descanso no motel de estrada mais próximo, um esforço nunca completado, para sempre em curso de vir a ser. Talvez nós devêssemos acrescentar à nossa caixa de ferramentas linguísticas, como uma substituição para "avatar", uma palavra canhestra e desairosa, "avatarização", representando uma versão atualizada do conceito de "reencarnação": o conceito redescoberto com entusiasmo e, não sem razão, adaptado e adotado com sinceridade pelos cultos de sabedoria oriental tão populares entre os cidadãos do mundo líquido moderno. Uma versão atualizada, repito, pois a reencarnação era coisa que acontecia conosco sem o nosso conhecimento, e muito menos controle, e era alheia aos nossos desejos e preferências, ao passo que a "avatarização" diz respeito ao que nós queremos fazer e estamos fazendo, do modo que desejamos. "Avatarizar" significa o que você cita de *Karaoke Culture*: "Todos nós queremos porque podemos ter." Ou, mais precisamente, "porque está disponível para compra", pois o que a fórmula que você citou deixa de mencionar é o fosso que existe entre "estar disponível para ter mediante compra" e "eu posso ter": uma distância transitável exclusivamente nos veículos de contas bancárias e cartões de crédito. Essa distância não é somente uma injúria torpe, frequentemente exasperadora e às vezes incapacitante, mas também a principal fonte do elã vital da economia consumista.

 Escolher, como eu insisto *ad nauseam*, é o único ingrediente do itinerário de vida líquido moderno que não é uma questão de escolha. Outrora um privilégio, a escolha transformou-se agora em obrigação – um dever que você não pode nem recusar nem esquivar-se e fugir. Além disso, "reencarnação" é um acontecimento que só ocorre uma vez na vida – enquanto a "avatarização" é um princípio capaz de acontecer diariamente, hora a hora; esse tipo de ocorrência é, ademais, eminentemente adequado à multitarefa. Além disso, com uma reencarnação a pessoa empenha toda a vida, ao passo que com a avatarização a pessoa pode praticá-la enquanto estiver viva. Quer queira, quer não, Max Weber vem à mente: a distinção entre uma prisão de ferro e um tênue manto que pode ser tirado dos ombros a qualquer momento e ser substituído por outro – embora, como na história de Weber sobre a ética puritana na qual essa metáfora foi empregada, tênues mantos tenham uma potência (e propensão!) aterradora para se enrijecer e se transformar em prisões de ferro.

"Se nada somos neste mundo, sejamos tudo", cantava o comunismo em seu hino, "A Internacional", pedindo aos oprimidos e miseráveis que abandonassem qualquer esperança de salvação vinda de cima, concentrando-se, em vez disso, em "sejamos nós a conquistar". Seguindo os passos de Edgar Morin, você salientou que o comunismo provocava/induzia as pessoas a estar prontas para "se sacrificar por um mundo melhor e mais justo no futuro", com uma visão de salvação terrena. Como a reencarnação prometida pelos preceitos orientais, a perspectiva de salvação apresentada a seus seguidores pelo marxismo, tanto quanto a fé cristã, seria uma transmutação única, irrevogável e irreversível, uma passagem semelhante à travessia do rio Estige, célebre por impedir o retorno. Uma rua de mão única, por assim dizer. Foi isso que o advento da avatarização, carregado pelas marés de liquefação da modernidade, mudou completamente. O que a avatarização trouxe, em vez disso, foi a eliminação gradual da maldição da finalidade e do caráter consequencial de escolhas, decisões, engajamentos e empreendimentos; foi acabar com "escolhas fatídicas" e manter a trajetória da pessoa a uma distância segura dos "pontos de não retorno"; foi a redução drástica – e, num número crescente de casos, a eliminação – dos riscos vinculados a escolhas e decisões; foi a possibilidade crescente de retornar ao ponto de partida, depois de uma rodada malsucedida, e de recomeçar enquanto se apagam os registros de começos em falso do passado; foi cancelar o "poder de permanência do momento" (do qual Zaratustra, de Nietzsche, se queixava em nome do Super-Homem, cuja chegada iminente ele anunciou), essa causa de tanto horror, ira e irritação para os fãs das aventuras de transmutação. No fim das contas, foi desarmar o passado de seu controle sobre o presente. Ou pelo menos a chance de esperar que esse desarmamento possa ser alcançado e fingir que o foi: inquestionavelmente, um crescimento inestimável em igual medida para valentes e medrosos. Não obstante, o ganho que a avatarização oferece não consiste em mostrar o caminho certo, e menos ainda em garanti-lo; em vez disso, o ganho está em despojar a escolha de caminho – qualquer caminho que se tenha escolhido, ou desejado – da maldição da irrevocabilidade. Apenas tentar, tentar e tentar novamente. Mais que tentar da forma correta, a arte da vida consiste em nunca abandonar a ideia de tentar.

Essa tremenda deflexão foi e continua a ser aclamada como um gigantesco salto adiante na luta de séculos por autonomia – e pelo direito, assim como a capacidade, de autoafirmação. Você citou Dubravka Ugrešić:

> Os adultos que jogam *Second Life* [jogos de fantasia: brincar com a ideia de projetar egos e papéis imaginários em busca daquele que prometa o máximo de gratificação, e depois adotá-los para apresentação pública da personalidade do jogador] experimentam situações sem riscos nem consequências. ... Os jogadores têm controle pleno de seu mundo: como deuses, são capazes de se conectar e desconectar a seu bel-prazer.

Por trás desse encantamento com o "pleno controle" de panoramas totalmente abertos está o abrangente sentimento reconfortador de não haver "nenhum risco envolvido". Por que nenhum risco? Não porque se pode ter certeza de um resultado venturoso, mas porque sempre haverá outra chance. A pessoa está livre para encerrar um episódio não inteiramente gratificante a fim de vagar no espaço para outro episódio.

Há dinheiro grosso por trás dessa reivindicação, derramada por todos os alto-falantes e cartazes. E não é de admirar: a avatarização e reavatarização incessantes, cada avatar sucessivo chegando perto da perfeição e exigindo o próximo exercício de transmutação, são o remédio mais seguro e eficaz contra a ameaça de um "consumidor satisfeito" – satisfeito por não ser exposto a tentações "novas e melhoradas", ou porque essas atrações novas não logram desencadear nele ou nela novos desejos e carências mascarados de "necessidades" ou "obrigações". É possível, talvez, ir longe a ponto de concluir que a infinidade de escolhas de personalidades em oferta, a insaciabilidade do desejo por "novos começos" e o sonho de "nascer de novo" hoje se combinem para constituir o maior pêndulo da economia consumista.

"Avatares satisfazem nossos desejos fantasiosos de nos tornarmos outra pessoa em outro lugar", sugere Dubravka Ugrešić.[8] "Avatares podem assumir qualquer aspecto ou forma que o usuário escolher."[9] Como afirmam os praticantes de karaokê, esse dispositivo tecnológico extraordinário que põe a capacidade de usar um avatar instantâneo ao alcance de todos, ou quase todos: "Com seus avatares, eles sentem uma liberdade maior (palavra que eles usam com mais frequência) do que a que sentem no mundo real."[10] Eu acrescentaria à observação de Dubravka: o karaokê reduz consideravelmente os custos da avatarização. A versão karaokê do avatar é inúmeras vezes mais barata e requer menos aprendizado, habilidade, tempo e esforço em laboriosas preparações que as exigidas pelas versões pré-karaokê. Além disso, ele torna a avatarização mais segura: o karaokê abole virtualmente (em ambos os sentidos da palavra) os riscos da experimentação ou mesmo a necessidade de estender a imaginação para além dos talentos e da capacidade da maioria de seus desejosos/ansiosos praticantes. O karaokê é como os móveis da Ikea: vem com as peças e as instruções de montagem nas quais você pode confiar. O que resta a fazer é seguir as instruções e juntar as peças. A satisfação plena está garantida: as alegrias da perícia profissional sem os caprichos e perigos do desconhecido. São-nos oferecidas as delícias de ser outra pessoa sem o risco de bancar o bobo – ou de ir a algum outro lugar sem o risco de perder-se no caminho. O que se oferece é nada menos que o melhor de dois mundos: liberdade e segurança em um só pacote, o sonho eterno de reconciliar os dois valores, ambos desejados com ardor, embora teimosamente em confronto, afinal realizado. Essa é, eu sugiro, a atração principal do karaokê, e a causa do sucesso espantoso da economia consumista em seus esforços para redesenhar suas ofertas segundo o padrão karaokê – assim como uma razão para avaliar que a decisão de Dubravka Ugrešić de definir nosso estilo de vida corrente como "cultura karaokê" é fenomenalmente apropriada.

A internet, salienta Dubravka, pode ser entendida como "um megakaraokê em que 1 milhão de pessoas agarram os microfones para cantar sua *versão pessoal* da canção de outro. Canção de quem? Não importa. ... O importante é *cantar*".[11] Isso é importante tanto para os que definem as canções quanto para os milhões que não cantariam se as canções não fossem definidas. "A internet, como um aspirador de pó gigante, nos suga absolutamente tudo, incluindo os cânones."[12] Bem, não exatamente tudo. O sonho, o desejo e a decisão de pegar o microfone nasceram muito, muito antes de a internet – ou mesmo os microfones – ser inventada. O sucesso surpreendente, quase instantâneo, da internet ao elevar o karaokê à categoria de metáfora adequada da cultura se deve ao fato de que esse sonho, esse desejo e essa decisão já estavam presentes, hibernando ou cochilando pela falta de instrumentos efetivos e de coragem para aventurar-se, na ausência de veículos seguros – ainda que estivessem esperando, com impaciência cada vez maior, para serem soltos e capitalizados.

Considere Siegfried Kracauer, "A viagem e a dança", publicado originalmente quase um século atrás, em 15 de março de 1925:

> O objetivo da viagem moderna não é sua destinação, mas, antes, um novo lugar em si mesmo. ... Embora o exótico hoje ainda possa ligar-se às pirâmides e ao Chifre de Ouro, um dia ele vai designar qualquer lugar no mundo, seja ele qual for, na medida em que pareça não usual da perspectiva de qualquer outro ponto do mundo. ...

A viagem é de um tipo que, acima de tudo e na maior parte do tempo, não tem destinação: seu significado é exaurido no mero fato de mudar de local.[13]

Permita-me lembrá-lo das descobertas de Dubravka Ugrešić: o importante é cantar, não importa que canções. Em ambos os casos, hoje, como há cem anos, nós experimentamos ser outra pessoa, estar em algum outro lugar. Sonhos não progridem, só a tecnologia pode fantasiar sua realização. A tecnologia digital produzida em massa e projetada para consumo de massa oferece os moldes dentro dos quais nós vertemos nossas fantasias informes para que elas adquiram contorno, os leitos fluviais para que fluam as ações daí resultantes, os canais que estabelecem o estuário. Na cultura karaokê, a ânsia de autoexpressão fornece a energia, enquanto os mercados de fim lucrativo fornecem a matéria. A tecnologia eletrônica oferta tanto a forma quanto os conteúdos, tanto pensamento quanto ação, ao mesmo tempo que assegura – distante da exaustão que se aproxima em função do intenso consumo de ambos – que os volumes de energia e matéria continuem a crescer, superando o ritmo de aumento da demanda.

E graças a Deus, à história ou à perspicácia e ao bom senso dos negociantes – dado o estado de *horror vacui* no qual Kracauer previu que nossos contemporâneos seriam moldados, tendo antes traçado o caminho pelo qual o self moderno "se desenvolveu em sua luta por autonomia", em seguida agregando-se "numa personalidade ímpar altamente expressiva de Romantismo" – na era do materialismo e do capitalismo eles "se tornaram cada vez mais atomizados e degenerados em um construto arbitrário casual". "Essas pessoas são acometidas pela maldição do isolamento e da individualização. ... Como essas pessoas carecem de vínculos e de base firme, seu espírito/intelecto está à deriva, sem direção, em casa em toda parte e em lugar nenhum."[14] Não temos de ser gratos aos provedores desses moldes, leitos e canais que nos indicam – perplexos como estamos – a direção certa? Eles o fazem sem nos impedir de nos sentirmos em casa em toda parte e em parte alguma, assim nos resguardando (ou pelo menos prometendo resguardar) do trauma horrível que a expulsão de casa – essa perspectiva lamentavelmente real no mundo do materialismo, do capitalismo e da modernidade líquida – decerto teria causado.

· 10 ·

Seco e úmido

RICCARDO MAZZEO: No capítulo anterior analisamos o cancelamento progressivo da literatura, que vai de par com a presente tendência de abolir toda forma de esforço e com a hipersimplificação favorecida pelas novas tecnologias, mais a supressão desenfreada de toda forma de exploração em profundidade – surfar em vez de sondar. Em resumo, isso confirma a expressão de Racine, "*Le plus profond c'est la peau*" – *O grau zero da escrita* da linguagem e da percepção reduzidas a seus elementos mais rudimentares e imediatos. Essa produção de mau gosto deve ser de interesse para o sociólogo e lhe causar alguma preocupação, embora esteja óbvio que não será de grande ajuda.

Entretanto, a literatura é constante e obstinada, e de vez em quando um romance aparece e apresenta evidência sensível de conceitos que, encarnados pelos personagens, confirmam a realidade de modo muito mais poderoso que qualquer dissertação. Faço referência à distopia *A possibilidade de uma ilha*, de Michel Houellebecq, uma nova proposta vibrante de *A peste*, de Albert Camus – *Ensaio sobre a cegueira*, de Saramago –, e à obediência inerte ante as injunções vindas de cima na perpetração de todo o horror descrito por Jonathan Littell em *As benevolentes*. Eu li recentemente o romance de um autor italiano, Alberto Garlini, *La legge dell'odio*.[1] É quase tão longo quanto a saga de Littell e, acho eu, animado pela tentativa de explicar miticamente as raízes do fascismo.

Garlini me disse posteriormente que seu projeto inicial era, na realidade, escrever um livro centrado em Bruce Chatwin* e sua paixão pelo nomadismo. Entretanto, em certo ponto, como contraste, ele decidiu introduzir um fascista, um personagem que fosse o completo oposto de Chatwin. No entanto, ele não conhecia nenhum fascista e não estava muito familiarizado com movimentos fascistas. Então, começou a pesquisar, a estudar documentos, entrevistas e obras de não ficção. Essa pesquisa frenética se aglutinou em Stefano, o personagem principal, um rapaz de vinte anos cheio de rancores e de um sentimento remoto mas duradouro de culpa, resultantes de uma série do que Charles Wright Mills chama de *problemas*: as dificuldades que "ocorrem no íntimo do caráter do indivíduo e no âmbito de suas relações imediatas com os outros".[2] Para ser compreendido e administrado apropriadamente, isso deveria estar ligado a *questões*, problemas comuns que acontecem com muitos seres humanos. Não obstante, como a maioria das pessoas normais, Stefano persiste bloqueado em seus problemas pessoais terrivelmente espinhosos: um pai falido e bêbado, insultado e enganado por todos, especialmente por aqueles que ele supunha serem seus amigos, e uma mãe boa, diligente e determinada, forçada a se prostituir ocasionalmente para sustentar a família. Quando Stefano era pequeno, o pai o levava para pescar, e em uma dessas ocasiões ele estava em estado de completa embriaguez:

> Ele começou a comer minhocas. Pegava-as aos punhados e as deixava cair garganta abaixo. Era horrível vê-lo comer aquele troço viscoso.
>
> "Eu sou como a sua mãe", disse ele a Stefano enquanto mastigava. "A diferença é que ela come os vermes que saem da piroca dos homens. Você nasceu de um desses vermes. E nem era um verme italiano. Ele dizia *alright* e cantava igual ao Frank Sinatra."

---

* Bruce Chatwin foi um escritor inglês de relatos de viagem (1940-68). (N.T.)

Ele pegou o último punhado de minhocas, esmagou-as na boca e gritou: "Bastardo!" Aí vomitou até as tripas no lago. A truta veio à superfície para engolir com pressa a lama cor-de-rosa que se espalhava na água.³

Stefano cresce entre fascistas. Seu pai é fascista. Rocco, a pessoa que substitui seu pai verdadeiro depois que ele morre (e que continua a ser amante eventual de sua mãe) é fascista. Misturando realidade e fantasia em acontecimentos que se passaram entre 1968 e 1971, Garlini descreve o atentado a bomba na Piazza Fontana (que teve lugar em Milão, em dezembro de 1969, matando dezessete pessoas e ferindo 88) da perspectiva de Stefano, que, manipulado por fascistas de alto escalão associados a membros desviantes de instituições públicas, é responsável por colocar a bomba. Ele está convencido de que o artefato explodirá sem ferir pessoas próximas, porém, em vez disso, descobre que foi traído e usado, como seus pais. Stefano é violento e assassino, mas o autor lhe atribui características tão humanas e, de alguma forma, heroicas que elas o tornam um igual; os leitores podem se identificar com ele e vê-lo não como um inimigo no lado oposto das barricadas, mas como alguém capaz de inspirar sentimentos fortes de empatia. No romance (numa reunião fictícia imaginada pelo autor), Julius Evola define Stefano como um "lobo azul" e o expulsa de sua casa. Stefano pergunta à sua noiva, Antonella, o que significa a expressão. Ela explica que, "nas comunidades indo-europeias, os exilados, os expulsos, as pessoas que foram banidas, basicamente todos aqueles que não se conformam ao ethos dominante" eram assim definidos: "Eles representavam uma raridade em comparação com os lobos-cinzentos normais. Terríveis, mas também cativantes. Como um exemplo, pense em certos criminosos de história em quadrinhos. Pense em Diabolik.* Ladrão e assassino. Desprezível, mas carismático."⁴

---

* Diabolik é o protagonista de uma série em quadrinhos muito popular na Itália, anti-herói cruel e inflexível, matava sem culpa quem se interpusesse em seu caminho. (N.T.)

Na verdade, é fácil se apegar a Stefano como personagem, especialmente em comparação com os fascistas que o circundam e que manobram os rapazes que consideram buchas de canhão. Ele é puro e inocente, nutre uma necessidade espasmódica (e compreensível) de se elevar a uma atmosfera mais limpa que o lixão em que vivera. Suas necessidades são absorvidas pela miragem de um mundo mais nobre e mais ordeiro, um mundo em que os vermes não tenham status de cidadãos, em que a vergonha de sua família seja substituída pelo orgulho, mesmo arriscando a própria vida. Quando ele mata acidentalmente um rapaz de sua própria idade, Mauro, seu mundo desmorona:

> Ele havia pensado que era capaz de matar. Havia imaginado que era relativamente simples, na verdade: é o dever de um soldado político. Ele o desejara com cada centelha de sua energia. Sabia que era somente uma questão de tempo e que ia acontecer. Contudo, nada aconteceu como ele havia esperado. Não houve batalha. A vítima não era um guerreiro. A lâmina da faca penetrara profundamente sem razão alguma, sem motivação. Predisposição de Mauro para vítima. A morte de uma vítima inocente é um insulto, não uma honra. O dever de um cavalheiro é proteger os inocentes, não matá-los.[5]

Infelizmente, para ele não há redenção. Graças à irmã gêmea de sua vítima involuntária, por quem ele se apaixona numa tentativa imprópria e desesperada de compensação; graças aos versos de uma poeta argentina, amiga dos gêmeos, cuja poesia Stefano decorou e em certos momentos o inspira e sustém; mas, acima de tudo, graças ao encontro com Chatwin, que o eletriza ao falar de "Caim, o lavrador, exatamente como Hitler, que odiava os judeus porque eram um povo nômade",[6] e também do felino pré-histórico dinofelis, que, contrariamente à crença dos antropólogos, foi o verdadeiro perpetrador dos antigos crânios perfurados, e não o homem – Stefano passa por uma transformação profunda. Ele consegue esquecer sua mãe e entender as motivações dela:

Ela era uma mulher que merecia compaixão. Tinha trabalhado arduamente a vida toda, aceitado todo tipo de acordo para alimentar e educar o filho. Com seu espírito humilde, ela imaginava que aquele filho bonito e forte até podia conseguir ser feliz, mas acontecera o oposto: o sacrifício dela e o sentimento de culpa daí resultante tornaram Stefano raivoso e violento, até isso silenciar todo sentimento que não fosse ódio contra o mundo inteiro. Mas como ela poderia saber? Como ela poderia imaginar que sua brandura dócil se transformaria na lâmina crua que seu filho carregava escondida no bolso?[7]

No entanto, os *problemas* do personagem principal não podem ser resolvidos por uma tomada retardatária de consciência: suas *questões* continuam a existir e a atacar, e assim como a pessoa isolada não pode resolver os problemas do mundo por seus próprios esforços, sem recorrer à política e sem agir *junto* com os outros, Stefano não é capaz de derrotar as intrigas que se avultam sobre ele, nem o ímpeto impiedoso, cruel e estrategicamente afiado usado para manipulá-lo. Depois de sua rebelião, ele é perseguido até o último suspiro.

Acredito que esse e outros livros semelhantes que a tuiteratura não será capaz de aniquilar com facilidade constituem alimento nutritivo para o pensamento tanto de sociólogos quanto das massas.

ZYGMUNT BAUMAN: Um pai fascista comendo vermes na frente do filho fascista, como demonstração de quê? Obviamente do que é preciso/do que será feito com criaturas odiosas e revoltantes, vis e repugnantes porque são viscosas. Jean-Paul Sartre escolheu *le visqueux* – o viscoso – como metáfora da natureza ao mesmo tempo escorregadia e pegajosa da condição humana; uma condição aporética, irremediavelmente fora de controle; uma condição que não permite nem aderência nem separação, resistindo a abraçar e ao mesmo tempo se recusando a deixar partir – e, por essa razão, repelente e nauseante. O pai não enche a boca de vermes para digeri-los, mas para vomitar, mostrando com isso que eles não podem ser conservados, que sua predestinação no momento da entrada é serem expelidos. Em *Tristes trópicos* (1955), Claude Lévi-Strauss sugeriu que há apenas dois caminhos pelos quais a cultura tende a lidar com a questão dos "outros", "diferentes" e "estrangeiros": a estratégia antropofágica – "comer" as diferenças ou seus portadores e, assim, "assimilar" os elementos estrangeiros, despojando-os de seu "esoterismo"; e a estratégia "antropoêmica" – "vomitá-los": expelir, eliminar, destruir. Sem deixar nada em dúvida, o pai relembra ao filho que ele próprio, como os outros seres humanos, se origina do esperma, substância viscosa. O esperma expelido para concebê-lo nem sequer é italiano, e por isso, por assim dizer, é duplamente viscoso – uma alusão, eu presumo, à ideia de *Mischling* ("mestiço") e de *Rassenschande* (a política racial nazista), importadas do vocabulário nazista: fenômenos como ameaçar diluir e finalmente erradicar identidades de nações e/ou raças, e assim criar uma área nebulosa e evanescente de ambivalência num espaço onde fronteiras inequívocas e intransponíveis devem ser estabelecidas – intimidação que torna a peculiaridade e a ameaça de viscosidade ainda mais sinistras e aterrorizantes. Separar e manter separados o sólido e o viscoso é um desafio e uma tarefa que sobrecarregam Stefano; a vida dele será dedicada a cumprir essa tarefa, prognosticando, em seu caso, uma luta cansativa e desgastante que exigirá enorme esforço.

Em *Le sec et l'humide*, estudo publicado pela Gallimard dois anos depois de *As benevolentes*, Jonathan Littell tentou deslindar a visão de mundo e a mentalidade de Léon Degrelle, comandante da divisão belga SS Wallonie e uma das figuras arquetípicas da galeria de tipos nazistas. Littell empreendeu sua pesquisa focalizando o vocabulário – e com isso a estrutura conceitual – aprimorado por Degrelle na biografia publicada em 1949 sob o título *La Campagne de Russie*. Ao desenvolver seu tema, Littell se inspira profundamente no estudo *Männerphantasien*, de Klaus Theweleit, de 1977.[8] Como Theweleit, Littell questiona a aplicabilidade ao caso fascista do modelo de personalidade id-ego-superego de Freud, com o complexo de Édipo como principal categoria desdobrada na reconstituição da dinâmica da personalidade; ele prefere basear esse caso na psicanálise da infância de Melanie Klein e Margaret Mahler. O fascista – sugere Littell, seguindo as proposições de Theweleit – "nunca completa a separação de sua mãe" e "fica para sempre por nascer".[9] O fascista não é um psicopata: ele efetua, "quase sempre com eficácia, lamentavelmente", uma "separação substituta", construída "com a ajuda de disciplina, treino, exercício físico e o eu exteriorizado assumindo a forma de uma 'carapaça'". A carapaça, contudo, nunca é hermética, o "eu carapaça" tende a ser frágil, e o fascista vive perpetuamente sob ameaça de uma "dissolução de fronteiras pessoais". Para sobreviver, ele necessita exteriorizar perigos a fim de matar em efígie as fontes internas de disrupção: elementos do feminino de que nunca se desfez plenamente (oposto ao "masculino") e do "líquido" (o oposto do estável e "sólido"). Nós podemos dizer que tal operação de separação representa o Universo como um campo de batalha entre dois elementos maniqueístas separados por uma longa série de oposições: todas elas são permutações de metaoposições entre ordem e caos (ou chão sólido e pântano) – ou, certamente, como implica o título do livro, entre "seco" e "úmido". "Para se estruturar, o fascista precisa estruturar o mundo" – representá-lo claramente dividido, segundo o padrão de suas metáforas. E ele o faz, com a ajuda de oposições como as existentes entre rígido e informe, duro e suave, inamovível e fluente, rijo e flácido, limpo e impuro, escanhoado e peludo, radiante e obscuro, transparente e opaco etc.[10] Segue-se a divisão entre objetos de amor ou amigos/aliados/companheiros dentro do abrigo seguro de *chez soi* e os objetos de ódio e repulsão. As metáforas atuam como perlocuções de John Austin ou profecias autorrealizáveis de Robert Merton. Seu propósito é conjurar o método no aleatório, a transparência na neblina: em resumo, pôr as coisas em seus lugares. A sua mãe – assim diz o pai a seu filho no romance de Garlini – come vermes; eu os vomito. Nessa diferença comportamental entre homem e mulher, qual a causa e qual o efeito nesse nosso mundo dominado por oposições?

Analisar os intricados mecanismos da psique fascista é uma tarefa tão indômita quanto fascinante. Aqui, como em tantas outras áreas de investigação da existência e coexistência humana, a cooperação entre ciências sociais e literatura foi efetiva, sincera e determinada. Os romancistas Littell e Garlini encontraram nos pesquisadores acadêmicos Melanie Klein e Margaret Mahler ou Klaus Theweleit companheiros de armas supremos na batalha que todos travaram, separadamente ou ombro a ombro. Minhas dúvidas, entretanto, dizem respeito à seleção do tópico nessa campanha mais ampla – a busca de respostas pragmaticamente úteis (isto é, traduzíveis em linguagem de políticas) para a questão *unde malum* ("por que o mal existe")? –, e não, consequentemente, à questão crucial dos modos como o mal poderia ser combatido. Como você sabe, contudo, eu suspeito que focar nas predisposições psicológicas de malfeitores como se fossem distintas das causas sociais da proliferação de malfeitores pode resultar em incapacitação, e não capacitação para levar a cabo essa luta de maneira efetiva. Esse foco, mal ou bem, tende a isolar os malfeitores como mutantes, enquanto exime o restante de nós da culpa e nos absolve do anseio de fazer alguma coisa sobre o mundo que criamos enquanto por ele somos criados. Mesmo Evola classifica Stefano na categoria dos "lobos azuis"...

O eu – informe, suave, fluente, flácido e impuro conforme manifesto em seus feitos e crimes – tende nesse mundo a ser "terceirizado" para dar espaço à armadura rígida, justa, dura e sólida, fundida e moldada com expertise, que oferece – exatamente como a "carapaça" de Theweleit/Littell – proteção efetiva contra as tormentas do julgamento moral e das doridas angústias da consciência. Para usar meus termos preferidos: em vez de atuar como o laboratório no qual são recicladas e transformadas em problemas morais as decisões sobre como e para onde se deslocar, o eu agora está se transformando, como no caso dos homens fascistas, numa fábrica de adiaforização. A única novidade é o volume e o alcance de sua produção. Não muito mais que um negócio de fundo de quintal nos dias da ideologia e do *Führerprinzip* ("princípio da liderança"), ele se elevou, nos tempos do mercado, até o nível das plantas industriais de produção em massa. Outrora equipada por *soldatische Männer* ("homens soldados") autosselecionados e/ou a serem preparados para assumir posições, a indústria de adiaforização dos dias atuais nos marca a todos como empregados ou candidatos a emprego. É verdade – e de grande significação – que os administradores, sua filosofia e seu estilo de ação são claramente díspares em cada uma das eras; mas também é verdade que, em ambos os casos, o fornecedor mais efetivo dos objetos de sua administração foi, e continua a ser, a condição existencial de incerteza, insegurança e desamparo, de "ficar para sempre por nascer".

· 11 ·

O entrincheiramento na "singularidade"

RICCARDO MAZZEO: É verdade, você se referiu ao livro de Jonathan Littell *As benevolentes* em seu ensaio *A Natural History of Evil*, para explicar como o mal é muito mais disseminado, penetrante e contagioso do que seria possível imaginar apenas observando a galeria de indivíduos específicos qualificados como degenerados, sádicos e psicopatas violentos. Você já analisou isso num dos seus trabalhos anteriores, *Modernidade e Holocausto* (1989), e o rigor da sua inteligência foi ainda mais incisivo em seu ensaio recente, no qual você fala da difusão progressiva, como a de um incêndio espontâneo, da crueldade pela qual os fatores econômicos assumem a precedência (por exemplo, o dinheiro gasto em aperfeiçoar a bomba atômica) sobre o enorme desperdício de vidas humanas em Hiroshima e Nagasaki – tragédia absolutamente desnecessária, visto que o Japão estava prestes a se render ("Mas nós não podemos jogar fora um trabalho de US$ 2 milhões"). Essa insensibilidade pode transformar um rapaz amável, bondoso e talentoso dos Estados Unidos provincianos (ou de qualquer outro país) em um monstro, como os torturadores da prisão de Abu Ghraib, sempre que as circunstâncias (contexto, influência dos outros, desumanização do inimigo) permitirem.

Eu admirei a narrativa muito vigorosa de Littell e a reli, pois acredito que, além da análise psicológica do personagem principal (ou de Degrelle, no ensaio posterior de Littell *Le sec et l'humide*), ela comunica aspectos mais gerais e importantes para as ciências humanas. Depois de dez anos passados nas zonas de guerra e massacre mais devastadas do mundo, esse autor de origem russa, nascido em Nova York, com paixão pela literatura francesa, solicitou a nacionalidade francesa para si, sua esposa e as duas filhas. Inicialmente recusada, a cidadania lhe foi concedida com todas as honras depois do enorme sucesso do seu livro. O desejo de Littell de se atirar de coração e alma em seu tema o forçou a experimentar pessoalmente os lugares onde o mal alcançou suas expressões mais ferozes a fim de pôr-se à prova e compreendê-lo; então, ele escreveu mais de mil páginas em sua língua favorita e, finalmente, foi viver no país pelo qual se sentia tão atraído. Em resumo, ele tentou ver as coisas a partir de dentro, e em *As benevolentes* fez um esforço hercúleo para assumir o personagem e falar com a voz de um oficial da SS responsável por muitos horrores do Holocausto: um homem que só queria estudar literatura e tocar piano, mas que, apesar de certas dúvidas, remorsos e mesmo de um forte mal-estar físico com as atrocidades que estava cometendo, não hesitou em matar e até planejar o extermínio de pessoas inocentes, incluindo mulheres e crianças.

Em nosso diálogo centrado na importância da literatura para compreender o outro, eu acho que esse trabalho merece debate mais atento, pois quase se tem a impressão de que o autor absorveu seus pensamentos sobre o assunto e desejava sustentá-los com evidências sensíveis, encarnando-os nos personagens de seu livro.

Já nas primeiras páginas Littell faz afirmações que parecem parafrasear comentários que você fez quinze anos antes: "Claro, a guerra acabou. E nós aprendemos a lição, não vai acontecer novamente. Mas você tem mesmo certeza de que nós aprendemos a lição? Tem certeza de que nunca mais vai acontecer de novo? Você está mesmo realmente convencido de que a guerra acabou?"[1] É impossível não ouvir o eco de seus comentários sobre a Fábrica de Morte (genocídio) quando diz que não só ela pode ser reaberta como provavelmente nunca se fechou.

Relendo o livro sete anos depois, eu encontrei outro eco importante, finamente literário, mas talvez também relevante para a sociologia. É o trabalho de Robert Musil, que relembra a irmã gêmea do personagem de *As benevolentes*: a irmã de Maximilian Aue, Una. Max é homossexual. Ele manteve relações sexuais com a irmã gêmea durante certo tempo quando eles eram jovens, até que Max, depois que os pais descobrem o segredo, é enviado para um internato. Em *As benevolentes*, Max descreve a origem de sua orientação sexual:

> Eu amei uma mulher. Só uma, porém mais que qualquer outra coisa no mundo. Contudo, ela era a única mulher proibida para mim. É muito fácil entender que, ao sonhar em ser mulher, sonhar em ter o corpo de uma mulher, eu continuava a procurar por ela, eu queria estar perto dela, queria ser como ela, queria ser ela.[2]

Nas obras de arte, tudo o que ele encontra é a sua irmã perdida:

> Eu só precisava passar andando por um retrato de uma mulher com cabelos negros espessos para minha imaginação me golpear como um machado; e mesmo quando o rosto não se parecia em nada com o dela, sob os ricos trajes dos períodos do Renascimento ou da Regência, sob aqueles tecidos luminosamente coloridos cravejados de pedras e tão espessos quanto os óleos fulgentes do artista, era o corpo dela que eu via, seus seios, seu ventre, as belas ancas que envolviam a ossatura eram suavemente arredondadas, e isso encerrava a única fonte de vida com que eu era capaz de me identificar.[3]

No grande romance incompleto de Musil, a identificação com a pessoa amada assume um tom diferente: tudo é mais analítico e requintado; não há referência a identificação sexual ou a relações físicas. Mesmo a descrição da comunidade entre os dois gêmeos, que, como Max e Una, foram separados na infância, vivendo longe um do outro por muitos anos, tem uma configuração diferente: "Ulrich observou o rosto de Agathe mais uma vez. Ele não se parecia muito com o seu próprio rosto; mas talvez ele estivesse errado, talvez fosse parecido – assim como um esboço em pastel ou uma escultura em madeira, de modo que a diferença de material não revelava a semelhança nos traços e na textura."[4]

Entretanto, o fantasma da identificação total também aparece na obra de Musil. Por exemplo, ele se lembra de quando eram crianças e Agathe estava vestida para um baile: "Ela usava um vestido de veludo e seus cabelos se derramavam sobre ele como ondas de veludo claro; e embora ele também estivesse vestido como um medonho cavaleiro, a visão súbita [de Agathe] o fez desejar ser menina."[5] Entretanto, essa identificação volta como um raio de luz quando eles se reencontram já adultos, depois da morte do pai: "Foi como se ele visse a si mesmo surgir na soleira da porta, caminhando em sua direção; porém, mais bonito e banhado de um esplendor que ele jamais vira em si mesmo. Pela primeira vez ficou impressionado com o pensamento de que sua irmã era uma repetição e transformação imaginária dele mesmo."[6]

Eu acho que o aspecto que emerge dos livros de Musil e Littell é a busca do *mesmo igual*, a castração malsucedida desempenhada pela lei da linguagem que, como você afirmou juntamente com Gustavo Dessal em *O retorno do pêndulo*,[7] é essencial porque se abre para o *heteros*, ou a outra pessoa, porque ela(e) é diferente de nós. A estagnação do idêntico, do modelo ideal ossificado, pode dizer respeito a casos anoréxicos isolados, ocultos por trás da negação de tudo que é externo, estruturando-se como autônomos em sua afirmação contra o resto do mundo. Contudo, ela também pode envolver todo um povo que se reuniu numa entidade única (uma raça para os nazistas, uma classe para o comunismo russo) para se afirmar e resistir dentro de sua perfeição. Sobre esse assunto, Littell cria um diálogo entre Maximilian e um prisioneiro russo que é tão inteligente e consciente quanto ele próprio, a fim de salientar as semelhanças entre seus sistemas. O prisioneiro diz:

> Onde o comunismo visa à sociedade sem classes, você prega *Volksgemeinschaft* ["comunidade nacional"], o que, afinal, é exatamente a mesma coisa, limitada ao interior de suas fronteiras. Onde Marx

viu o proletariado como portador da verdade, você decidiu que a chamada raça alemã é uma raça proletária, a encarnação de Deus e da moralidade; consequentemente, você substituiu a guerra proletária alemã contra os Estados capitalistas.[8]

Ambos os sistemas se revelaram vigorosamente determinísticos – como os seres humanos são *dirigidos por influências externas*, devem-se eliminar os "inimigos objetivos": categorias de pessoas que têm de ser erradicadas não por suas ações ou crenças, mas pelo fato mesmo de serem o que são.

> Nisso nós só diferimos na definição dessas categorias: para você, são os judeus, os ciganos, os poloneses e até, se eu estiver entendendo bem, os doentes mentais; para nós são os *kulaks*, a burguesia, os desviacionistas do Partido. No final é a mesma coisa; ambos rejeitamos o *Homo oeconomicus* capitalista, autocentrado, egoísta, individualista, vítima de suas ilusões de liberdade, em favor de um *Homo faber*.[9]

A natureza radical dessa abordagem é resultado do sofrimento e do ressentimento. Nós a vemos evoluir hoje em situações nas quais as condições materiais e morais estão desmoronando, dando lugar a um renascimento do fascismo mesmo na Grécia, onde, lado a lado com o sucesso de Tsípras, há um movimento de extrema direita demonstrando seu poder e a extensão do seu consenso. O entrincheiramento na "singularidade", a defesa fortificada de seu próprio Estado contra todos os outros, é visível mesmo entre aqueles que até ontem eram vítimas de perseguição: os judeus do Estado de Israel. Em certo ponto da história, Mandelbrod, um amigo influente do pai de Maximilian, diz:

> O que é mais *völkisch* ["étnico"] que o sionismo? Exatamente como nós fizemos, eles também compreenderam que *Volk* ["povo"] e *Blut* ["sangue"] não podem existir sem *Boden* ["solo"], e assim os judeus têm de ser enviados para a terra de *Eretz Yisrael* imaculada de qualquer outra raça. ... Os judeus são os verdadeiros nacional-socialistas originais e datam de quase 3.500 anos, desde que Moisés

lhes deu a Lei para separá-los dos outros povos para sempre. Todas as nossas ideias fundamentais vieram dos judeus, e nós devemos ter a lucidez de admiti-lo: a Terra, tanto como terra prometida quanto como conclusão, a noção de povo escolhido entre todos os outros, o conceito de pureza do sangue. ... E é por essa razão que, entre os nossos inimigos, os judeus são os piores e mais perigosos de todos; eles são os únicos verdadeiramente dignos de ódio. Eles são a nossa única rivalidade verdadeira. Nossos únicos competidores de fato.[10]

Alberto Garlini me disse certa vez que a população de Israel fazia com que ele se lembrasse dos italianos: uma coleção de pessoas tão diferentes umas das outras, inteligentes, criativas, em conflito recíproco permanente, governadas por políticos que estão longe de ser representantes autênticos da maioria da população. Se eu penso em dois cidadãos israelenses que tive o privilégio de conhecer com você, David Grossman e Abraham Yehoshua, tão maravilhosamente prolíficos, poéticos e humanos em seu trabalho, só posso me sentir encantado com a comparação. Entretanto, o perigo da oposição entre *singularidade* e o resto do mundo existe e produziu (e continua a produzir) frutos venenosos como a guetificação dos palestinos.

A questão da singularidade me traz à memória uma passagem de seu livro com Gustavo Dessal: "Sartre se equivocou no ponto em que Freud tinha razão: o inferno não são os outros, existem alguns 'outros' capazes de administrar com certa eficácia o cenário do inferno. Somente porque o inferno se esconde em nosso interior é que podemos compreender nossa esperançosa disposição a nos deixar convencer de que ele se encontra fora de nós."[11] É só nos abrindo para os outros, reconhecendo e aceitando a sua diversidade como fruto de nossa humanidade comum, que podemos nos salvar do nosso próprio inferno. Eu acho que Littell expressa esse pensamento especialmente bem com as palavras de seu personagem principal:

> Se os horrendos massacres na Europa Oriental provam alguma coisa, é precisa e paradoxalmente a assustadora solidariedade imutável da espécie humana. Por mais brutalizados e por mais que já

estivessem acostumados, nenhum dos nossos homens era capaz de matar uma mulher judia sem pensar na própria esposa, irmã ou mãe. Tampouco conseguiam matar uma criança judia sem ver os próprios filhos ali naquelas covas. As reações deles, os suicídios, minha própria tristeza... Todos esses aspectos demonstravam que o *outro* existe; ele(a) existe como outra pessoa, como um ser humano, e nenhuma violação, nenhuma ideologia, nenhuma dose de estupidez ou de álcool pode romper esse vínculo tênue mas indestrutível. Esta não é uma opinião, é um fato.[12]

ZYGMUNT BAUMAN: Max e Una, Ulrich e Agathe... Esses dois casais devem ser pensados contra o cenário mais amplo de *As estruturas elementares do parentesco* (1949), de Lévi-Strauss. Claude Lévi-Strauss remonta às origens da cultura – toda cultura – à proibição do incesto: o ponto em que natureza e cultura se encontraram, um fecho atando cultura e natureza se formou e foi lançada uma longa – certamente perpétua – rotina cultural de reconstruir traços naturais como distinções culturais e divisões sociais culturalmente mediadas. "Ela era a única mulher proibida para mim": assim se aflige/lamenta Max Aue ao confessar seus sentimentos pela irmã, Una. A cultura impõe diferenças à natureza brandamente indiferente. No que diz respeito à natureza, todas as mulheres estão aptas ao intercurso sexual; a ideia de isentar as irmãs dessa regra universal é um artefato cultural construído sobre o fato natural da ascendência compartilhada. A partir de então, sugere Lévi-Strauss, estratagema semelhante foi reiteradas vezes empregado no funcionamento da cultura – por exemplo, separar *unwertes Leben* ("vidas indignas") das vidas merecedoras de sobrevivência, uma subclasse da sociedade de classes, uma não raça do mundo de raças. Escolher os traços que importam no universo de traços que não importam, classificar e categorizar, dividir pessoas e diferenciar seus méritos e direitos são preocupações e realizações supremas da cultura. Desse modo, a cultura habilita e restringe e/ou incapacita. Littell e Musil retornam às raízes míticas das quais brotaram essa preocupação e essa realização. Seguindo Amartya Sen e Martha Nussbaum,

Richard Sennett menciona alguns de seus produtos maduros: "Os seres humanos são capazes de fazer mais do que é permitido a escolas, locais de trabalho, organizações civis e regimes políticos. ... A capacidade de cooperação das pessoas é maior e mais complexa do que o que está autorizado pelas instituições."[13] Instituições, artefatos culturais, reservam-se o direito de autorizar e desautorizar.

Joke Brouwer e Sjoerd van Tuinen argumentam – com otimismo um pouquinho excessivo – no prefácio do livro que organizaram em conjunto que, "sob uma fina camada de consumismo, jaz um oceano de generosidade"[14] (a propósito, surpreende como essa visão é reminiscente do par conceitual *societas* e *communitas*, de Victor Turner, ou estrutura e antiestrutura, introduzido em seu livro *O processo ritual*, de 1969 – significando modos de existência perpetuamente copresentes, entrelaçados e interpenetrados). Peter Sloterdijk, referindo-se ao estudo clássico de Marcel Mauss sobre a dádiva, insiste, numa das entrevistas incluídas no livro de Brouwer e Van Tuinen, que o ato de dar em questão não é apenas um afloramento espontâneo de generosidade; ele também é experimentado pelo doador como obrigação – ainda que uma obrigação livre de rancor e ressentimento, sua realização muito raramente é vivenciada ou pensada como um ato de autoprivação ou autossacrifício.[15] No caso de uma dádiva autêntica, a oposição comum entre egoísmo e altruísmo é cancelada. Pode-se dizer que essa oposição é dissolvida no estado/condição/mentalidade/ambiente de companheirismo e solidariedade. Dar significa *fazer* o bem, mas também *sentir-se* bem; os aspectos exteriores e interiores, altruístas e egoístas do impulso de fazer o bem, se fundem e não são mais distinguíveis um do outro – e menos ainda conflitantes.

Sloterdijk prossegue e sugere a coexistência de duas economias: a erótica e a timótica. (Permita-me explicar que o conceito do segundo tipo de economia é emprestado da ideia de timós de Platão: a terceira parte da alma, com o *logos* [mente] e o *pathos* [apetites animistas], o timós corresponde à autoestima e ao desejo de reconhecimento – é, poderíamos dizer, o fator essencialmente "socializante" da psique humana, ativo em conectar a pessoa com o grande número, o eu com tu/você ou coisa, os aspectos interiores e exteriores da existência. Intérpretes de Platão sugeriram que a humanidade do homem floresce mais quando ele transcende as inclinações materialistas para a sobrevivência e se dedica ao seu lado timótico, mas também que "timós é o que motiva as piores e as melhores coisas que o homem faz".) "A economia erótica", sugere Sloterdijk,

> não é apenas impelida pelo dinheiro, mas pela sua falta. Ela funciona pela falta e pelas ficções daí decorrentes. Se não há falta, ela a inventa a fim de persistir. A economia timótica descreve os seres humanos como criaturas que querem dar em vez de tomar. Economias timóticas entendem o homem como alguém com profunda propensão a dar; isso é algo que se pode observar nas crianças, que ficam tão felizes em dar presentes quanto em recebê-los.[16]

O fato, contudo, é que a forma de cultura de massas que praticamos hoje destrói (como Sloterdijk melancolicamente observa) a consciência comunal "pela vulgarização e propaganda do egoísmo em bases diárias. Provavelmente não há como contornar isso nas sociedades de consumidores. Agora o indivíduo é, em primeiro lugar e acima de tudo, um consumidor, não um cidadão". O consumidor, permita-me acrescentar, extrai e deprecia "bens comuns", enquanto o produtor acrescenta e contribui para eles. O cidadão, idealmente, está engajado na preocupação da sociedade em coordenar/equilibrar o tomar e o dar, em manter a "comunidade" capaz de garantir as duas atividades; em restaurar a cooperação entre as duas, rompida pela ascensão do "erótico" sobre o "timótico" e a subsequente transformação do ser humano "em um Zoom Eroticon".[17] Sloterdijk cita *O desconforto da riqueza*, de Simon Schama, representando a Holanda como "o primeiro país do mundo sem uma população propriamente pobre. O que eles fizeram? Os pregadores subiram no púlpito e tentaram amedrontar os ricos dizendo-lhes que a vida opulenta é em si mesma uma via para a perdição".[18]

· 12 ·

Educação, literatura, sociologia

RICCARDO MAZZEO. Tendo chegado ao último capítulo de nossa segunda conversa,* todas as ideias que fui juntando em minha mente a fim de escrever algo pelo menos com traços de significado emudeceram, quase atrofiadas. Dissipadas, dispersas, apagadas. Eu nunca tinha sofrido a "síndrome da página em branco", daquela página que incapacita e de vez em quando embaraça quem se senta para escrever seus próprios pensamentos. Afinal, eu nunca tinha concluído um *segundo* trabalho com meu amigo/estudioso/intelectual favorito e, como dizem os alemães, *"Einmal ist keinmal"* ("Uma vez não é o bastante"): nenhuma ação, por mais que louvável, tem qualquer valor se realizada apenas uma vez.

Na correspondência entre Paul Auster e J.M. Coetzee publicada no volume *Here and Now*, a certa altura, depois de assistir a um DVD sobre o equilibrista Philippe Petit, que contém uma entrevista bônus com Auster, Coetzee exprime suas reservas tanto quanto ao filme quanto sobre o equilibrista, e imagina uma história melhor que a contada por Petit, "uma história que bem poderia ter sido esboçada por Kafka e depois descartada",[1] na qual o equilibrista arrisca sua vida se

---

* O primeiro diálogo entre Zygmunt Bauman e Riccardo Mazzeo está publicado no Brasil, *Sobre educação e juventude*, Rio de Janeiro, Zahar, 2013. (N.T.)

aventurando sobre um arame suspenso no vazio – ele sobrevive, mas resiste à ideia de tentar o desafio de novo. Ele se casará, terá filhos, mas não será mais o mesmo. Uma vez não é o bastante.

Eu achei que ia perder a cabeça, pois continuei a ligar e desligar o computador, sem escrever uma única palavra. Finalmente entendi que precisava criar um vazio, livrar-me de todas as hipóteses que havia considerado, desde pensamentos tomados de *A possibilidade de uma ilha*, de Houellebecq, trabalho tão familiar para mim que peço a todos os meus amigos para lê-lo, até os formulados em "Pierre Menard, author of the Quixote", mencionado no livro *Labirinths*, de Borges, que você me deu na última vez que fui a Leeds – um livro que está muito além da minha (embora não superficial) compreensão no momento, e que me sinto incapaz de examinar em qualquer profundidade hoje.

Enquanto isso, ao viajar para Pordenone para encontrar meu amigo Massimo Recalcati, eu li no trem o último livro dele, *L'ora di lezione*,[2] e ali descobri tanto a confirmação do meu bloqueio quanto um meio possível para sair dele:

> Como diria Jung, toda página em branco carrega em si o "peso de ontem", uma estratificação invisível de memórias passadas que podem aprisionar, subjugar, paralisar. ... Invisível, mas denso, o conhecimento acumulado se instala na página em branco, cobrindo-a como uma espessa teia de aranha. ... A página em branco está *sempre* preenchida de objetos mortos, elementos inertes, ideais grandiosos e trabalhos inalcançáveis, pois cada processo criativo herda toda a memória do que aconteceu antes. Todavia, essa herança tem dois destinos possíveis: ou bem pode se deixar comprometer na forma de repetição acadêmica ou bem pode originar um ato autenticamente criativo.[3]

O livro de Recalcati fala sobre a dificuldade de transmitir conhecimento, o que só pode ser concretizado pela transmissão do *amor pelo conhecimento*. Em minha opinião, o amor pelo conhecimento necessita de um território fértil, rico em livros e livre de pedantismos burocráticos; aberto à participação a partir de cima e de baixo, de perto e de longe, resistente àquela máfia que surge nas escolas mais exclusivas. Nessas escolas, o propósito principal não é expandir conhecimento e o bem-estar geral, mas criar alianças com os filhos dos que estão no poder, que um dia irão tomar o lugar dos pais. Essa é a maneira de perpetuar a classe social privilegiada que permite aos abonados controlar, com os seus pais, a rede por meio da qual dinheiro produz mais dinheiro e o destino dos menos afortunados é traído.

Eu me recordei da aula dada por Alan Bennett a certos estudantes da Cambridge University quando o dramaturgo lembrou as matinês no Grand Theatre em Leeds, sua descoberta de Cambridge em 1951 ("Nunca antes eu tinha estado num lugar em que a beleza continuasse a florescer constantemente"), seu fracasso em ser admitido na universidade em função de sua posição tão baixa na escala social e o problema da educação independente, que, como você escreveu em *Sobre educação e juventude*, negligencia tantos "diamantes brutos" e, como ele sublinhou,

> se for injusto, então não é sequer cristão. Eu não sei até que ponto nós devemos ao cristianismo as nossas ideias de justiça. Afinal, almas são iguais aos olhos do Senhor e, consequentemente, são dignas de oportunidades iguais, como eles dizem hoje. Este certamente não é o caso no campo da educação, e talvez nunca tenha sido, mas isso não significa que devamos desistir de tentar. Não terá chegado a hora de se fazer uma tentativa séria?[4]

Eu refleti sobre o que você falou no segundo capítulo sobre os demasiado poucos "Lorenzinos" que podem ser salvos por professores particularmente bons e generosos como Eraldo Affinati, que dedica sua vida àqueles estudantes que hoje são considerados "perdidos" – e também sobre a necessidade de soluções políticas. Decerto não vejo qualquer sinal robusto que possa inspirar esperança no âmbito político. Coetzee evoca a hipótese formulada por Borges de uma enciclopédia que, uma vez completada, teria potencial de substituir o velho passado por um novo passado e, consequentemente, por um novo presente. ... Se aplicada à crise financeira, a proposta de Borges parece factível, pelo menos em teoria. Comparados com a história da humanidade, os números na tela de um computador não carregam muito peso – a ponto de, se quiséssemos, não chegarmos a um acordo e prescindir deles a fim de recomeçar com um novo conjunto de números.[5]

Naturalmente, tudo depende de nós e da nossa capacidade de chegar a um acordo, mas talvez, como você escreveu em sua conversa com Gustavo Dessal, nós precisemos esperar "o retorno do pêndulo".

Voltando ao vínculo estreito entre sociologia e literatura, o problema que persiste é abrir horizontes mais amplos que o nosso próprio círculo, e que isso seja compartilhado por literatura e sociologia – como Auster escreveu para Coetzee: "Ninguém acredita que a poesia (ou a arte) possa mudar o mundo. Ninguém se dedica a essa sagrada missão. Hoje há poetas em toda parte, mas eles só falam entre si."[6]

Charles Wright Mills, a quem você prestou homenagem, previu esse fechamento da sociologia. Como você, Wright Mills encarna a figura do "maestro" descrito por Massimo Recalcati: capaz de suscitar entusiasmo e escancarar as portas da imaginação. Em *A imaginação sociológica*, Wright Mills escreve com ironia para criativamente descrever e destruir as duas teorias prevalecentes de seu tempo, a "Grande Teoria", de Talcott Parsons, e o "Empirismo Abstrato", de Paul Lazarsfeld. No primeiro caso, ele o faz citando páginas complexas e incompreensíveis do autor e depois resumindo-as em poucas linhas; no segundo caso, ele estimula o leitor a fazer um experimento descrevendo um contexto social em sua inteireza, enquanto, ao mesmo tempo, o limita à listagem de dados estatísticos sobre uma pequena cidade provinciana, sem incluir toda a informação verdadeiramente necessária para a tarefa – esquecendo-se, conforme afirmou Benedetto Vecchi, de "história, estratificação social e 'racial', fluxo migratório e o papel desempenhado pela religião e pela administração política e federal".[7]

Sabendo que as pessoas não são computadores, Wright Mills não faz upload de arquivos de informação para o cérebro do leitor: ele não quer lecionar preenchendo os vazios; ao contrário, quer abrir novos mundos a serem explorados; e, para fazê-lo, tem de acender uma centelha. Eu achei o apêndice do livro de Wright Mills, "Sobre o artesanato intelectual", maravilhoso e comovente: nele, Mills explica por que a experiência pessoal é "tão importante como fonte de trabalho intelectual original", e diz a seu aluno hipotético: "Mantendo um arquivo adequado e desenvolvendo hábitos de autorreflexão, nós aprendemos a manter o mundo interior desperto."[8] Os sociólogos não querem dos estudantes uma recepção passiva (quer isso envolva ensinamentos de Schumpeter, Marx ou Weber), mas sempre e em todos os casos se esforçam para estimular o reprocessamento e a recriação, a fim de atingir

> três tipos de afirmação: a) algumas você aprende diretamente, reafirmando sistematicamente o que se diz sobre determinados pontos como um todo; b) algumas você aceita ou refuta, dando razões e argumentos; c) outras você usa como uma fonte de sugestão para suas próprias elaborações e projetos.[9]

Nossos estudantes se enganam quando acham que podem encontrar "todas as respostas" na internet, e um processo desse tipo é estéril, pois: "Assim como é um disparate projetar um estudo de campo se a resposta pode ser encontrada na biblioteca, é insensato pensar que exaurimos os livros antes de traduzi-los em estudos empíricos apropriados, o que significa apenas questões de fato."[10] O sociólogo explica a importância de mudar de uma perspectiva para outra a fim de que os estudantes se tornem *estudiosos* das ciências sociais – e não simplesmente técnicos treinados para levar a cabo certos processos. Retirar a cortina de pré-interpretação e anunciar um conceito original é básico para ser capaz de prestar atenção "àquilo que está destinado a ser inicialmente indefinido e até confuso.

Mas nós devemos ser fiéis a essas imagens e noções vagas, se forem nossas, e devemos elaborá-las, pois quase sempre é sob essas formas que as ideias originais, caso haja, aparecem."[11]

Esse é um testemunho tão válido hoje quanto o era quando Wright Mills o escreveu, pouco antes de morrer. Por outro lado, a imaginação expressa na literatura tem às vezes valor semelhante – por exemplo, basta pensar nos dois últimos romances do autor israelense David Grossman. Ambas as obras são influenciadas pela dificuldade de dar fim ao conflito entre israelenses e palestinos e pelo falecimento de seu filho Uri, morto no Líbano em 2006. No primeiro, *To the End of the Land* (2003), uma mãe pressente que irá receber a notícia da morte do filho que estava numa ofensiva militar. Ela decide se afastar da revelação devastadora partindo numa caminhada com duas pessoas que lhes eram queridas para uma região em que não poderia ser encontrada.

No segundo livro, *Fora do tempo* (2014), um homem que perdeu o filho, mais uma vez por causa da guerra, decide repentinamente deixar sua casa e ir até "lá", para encontrar o ponto de interseção entre a vida e a morte. Ele começa a andar em círculos em volta de sua cidade e, gradualmente, passa a ser acompanhado por outros que também perderam os filhos. Com desespero, e ao mesmo tempo com ironia, o autor tenta chegar perto da morte com as palavras que escreve.

Recentemente, Grossman se indagou: "Como é possível proteger a frágil bolha de uma família em meio a uma guerra? Numa situação tão desumana? Educar seus filhos, que têm de partir e lutar quando tiverem dezoito anos?" E acrescentou: "Em nosso país, nós tendemos a evitar a realidade, este círculo vicioso de violência, e todos nós o fazemos, tanto israelenses quanto palestinos. Eu tenho feito oposição à ocupação há trinta anos. Enquanto os palestinos não tiverem o seu próprio Estado, nós tampouco vamos ter um Estado."[12] Em minha opinião, essa é uma declaração perfeitamente válida, mas infinitamente menos poderosa que seus admiráveis livros: imaginação, análise, imaginação em análise – esse é o destino comum da sociologia e da literatura.

ZYGMUNT BAUMAN: A questão de Auster sobre se as artes podem mudar o mundo se aplica na mesma medida à sociologia. No fim de minha vida longa demais, essa questão – com o volume regularmente crescente de evidências em contrário – é o que mais me preocupa. Olhando para trás, o que vejo ao primeiro olhar parece uma longa série de falsas alvoradas e um vasto cemitério de esperanças natimortas e promessas e expectativas abortadas; de palavras desacreditadas, descartadas e esquecidas muito antes de terem uma chance de se tornarem carne.

Contudo, chamados, como são os sociólogos e os romancistas, a ajudar nossos confrades humanos a discernir sua condição até as nascentes mais íntimas e arcanas, que derivam seu poder impressionante da invisibilidade – a evitar suas armadilhas e emboscadas recônditas enquanto procuram maneiras de encontrar ou inserir significado, propósito e valor no modo como vivem suas vidas –, nós não temos qualquer outra ferramenta à nossa disposição, apenas palavras. Como observou o grande José Saramago em 25 de setembro de 2008:

> No princípio dos princípios, antes de havermos inventado a fala, que é, como sabemos, a suprema criadora de incertezas [isto é, no nosso obscuro passado animal – ZB], não nos atormentaria nenhuma dúvida séria sobre quem fôssemos e sobre nossa relação pessoal e colectiva com o lugar em que nos encontrávamos. ... Nessa hora inicial o mundo foi pura aparência e pura superfície. ... Todas as coisas eram o que pareciam ser.[13]

Essas são palavras que nos autorizam, incitam e obrigam a separar o que é do que parece ser; foram palavras que criaram a lacuna entre a verdade da matéria e suas aparências, justapondo-se contra as sugestões/implicações/insinuações dos sentidos enquanto tentam enunciar suas mensagens e reivindicar a cadeira da presidência no tribunal da Verdade. Não obstante, o mesmo Saramago, meros dois meses depois, em 16 de novembro de 2008, observou: "Amarga-me a boca a certeza de que umas quantas coisas sensatas que tenha dito durante a vida não terão, no fim das contas, nenhuma importância"; e ele expressou essa autocondenação mesmo tendo, sem dúvida, muito menos base que a maioria de nós para pronunciar um veredicto condenatório dessa lavra sobre os efeitos práticos do seu trabalho de toda uma vida processando as palavras. Bem, Saramago, um dos maiores filósofos e sociólogos entre os romancistas, estabeleceu os padrões para medir o significado das palavras em níveis muito mais elevados que a maioria de nós ousa ou se preocupa em fazer; um mês depois, no dia de Natal, ele escreveu: "Deus é o silêncio do Universo, e o homem é o grito que dá sentido a esse silêncio."

Usando como exemplo uma das últimas entrevistas dadas por Cornelius Castoriadis, eu observei, quinze anos atrás, que "o problema com a nossa civilização é que ela parou de se questionar".[14] Eu também sugeri que a proclamação da decadência e morte das "grandes narrativas" anuncia o desengajamento das classes de conhecimento: a grande recusa da vocação intelectual moderna ou o que John Kenneth Galbraith alcunhou memoravelmente de "secessão dos satisfeitos". Eu também sugeri que "a ideologia costuma colocar a razão *contra a natureza*, enquanto o discurso neoliberal desautoriza a razão *naturalizando-a*".[15] Ser "natural" significa não ter nem razão nem propósito. Apenas ser. Atribuir "naturalidade" a um setor/aspecto excogitado e contingente do universo feito pelo homem é uma operação de encobrimento para o ânimo autocomplacente e autocongratulatório de uma sociedade que em geral (e começando a partir de cima) abandonou sua ambição de separar *comme il faut* de *comme il ne faut pas*, de reagir e dominar seus males evitáveis, de corrigir os erros escapáveis de seus hábitos e, tudo somado, assumir a responsabilidade (isto é, aceitar que "coisas podiam ter sido feitas de maneira diferente") por suas escolhas – uma mistura não palatável e a longo prazo tóxica de autoaprovação presunçosa e autoengano covarde.

O dilema da nossa época se resume na negligência, na recusa ou na incapacidade aprendida de questionar. É a arte de enunciar questões que murcha e desvanece, tendo caído em desuso, desacreditada pelo credo hegemônico do argumento Tina (*"There is no alternative"*, "Não há alternativa"), conforme sintetizado de maneira compacta e inteligente por Margaret Thatcher. Como Michael Haneke, o diretor de cinema considerado "fascinantemente perturbador" por seus admiradores, formulou sobre o propósito de seu trabalho criativo: "O que se busca não é ideologia, mas brigar com nossas próprias mentiras."[16] Podemos acrescentar que enquanto não se inventarem, formularem e proporem respostas a fim de mitigar (ou, ainda melhor, de dispersar ou deslocar) as ansiedades e, por meio disso, acabar com as disputas, a *raison d'être* das perguntas é forçar o destinatário a sair de um estado de indiferença e assumir o ânimo combativo. As perguntas despertam a pessoa questionada para sua obrigação de escolher e assumir a responsabilidade pela escolha e suas consequências; em outras palavras, elas despertam as pessoas questionadas para a natureza moral do eu. Tom Weiskopf prefere classificar os trabalhos de Haneke como ética, e não como obra moralizante, antes pertencente à caixa de ferramentas da "psicagogia ética" de Michel Foucault que à "pedagogia moral": "Eles prescindem de persuasão, instrução ou doutrinamento, e se contentam em confrontar o espectador com uma 'verdade' que exige uma reação ou resposta, e o forçam a refletir sobre suas autorrelações."

Permita-me acrescentar que uma verdade dessa natureza é estabelecida contra os prejulgamentos do senso comum, na medida em que as verdades promovidas em psicagogia e no senso comum são, tanto quanto perguntas e respostas, antagonistas. Perguntas tendem a minar o mesmíssimo conforto mental e moral que as respostas procuram fundar. Desejando incitar uma "inquietação produtiva no espectador", Haneke – como Weiskopf salienta corretamente – "busca não só tornar a dor e o sofrimento visíveis, mas também confrontar o espectador com seus próprios modos de perceber (ou não perceber) a violência". Ele documenta essa opinião citando a própria visão de Haneke da maneira perniciosa e lúgubre como a violência é "vendida" e capitalizada em filmes comerciais calculados para altos retornos de bilheteria:

> Consciência pesada não vende. Nós todos nos instalamos no helicóptero de *Apocalypse Now* e disparamos as metralhadoras contra o formigueiro de vietnamitas ao som da "Cavalgada das Valquírias"; abrindo fogo contra o que é alienígena, imperscrutável, amedrontador, a ser extinto; e ficamos tão relaxados como se tivéssemos feito uma sauna, porque não temos nenhuma responsabilidade pelo massacre, porque o responsável por isso é o comunismo, é a imoralidade política em Washington ou, se preciso for, do presidente norte-americano, que nem sequer é um bom amigo nosso. E nós todos pagamos sete euros de bom grado por isso, não pagamos?

Ah, sim, pagamos! Nós pagamos por uma consciência limpa, como fizeram nossos ancestrais comprando indulgências por pecados passados e futuros apregoados por monges itinerantes. Essas indulgências são hoje um produto principal da indústria cultural comercializada em parceria com os apóstolos do statu quo, notoriamente preocupados em ajustar personalidades morais endemicamente rebeldes ao mundo imoral, a fim de estropiar escrúpulos morais que ameacem reformar o mundo de acordo com as exigências éticas que pregam. A tarefa de descobrir que aparência há de ter o desenlace possível/provável de uma trama pré-traçada ou autodeterminada, caso as coisas e nossa maneira de colocá-las em movimento permaneçam em seu curso atual, foi deixada por Michel Houellebecq a Daniel 25, o último de uma longa fileira de heróis clonados em sua obra-prima *A possibilidade de uma ilha*: "As alegrias dos seres humanos continuam incognoscíveis para nós [neo-humanos]; inversamente, nós não somos capazes de nos sentirmos dilacerados pelas suas dores. Nossas noites já não são mais abaladas por terrores nem êxtases. Todavia, nós vivemos; passamos pela vida sem alegria e sem miséria."

É isso que queremos? Uma felicidade derivada dos confortos da tranquilidade, da insensibilidade e da indiferença? A Daniel 25, que chegou lá sem ter ao menos o direito e a capacidade de sair, não ocorreria descrever sua condição usando a palavra "felicidade".

A chegada de nossa era de vidas consumidas pelo consumismo – por uma cultura que vê e ameaça o mundo como um contêiner imenso, infinito e incessantemente reabastecível de bens a serem comprados, ingeridos, destruídos no processo de devoração ou despojados de seu brilho no processo de desfrutação, para então serem jogados fora em algum lixão – foi proféticamente formulada por outro romancista excepcionalmente talentoso e perceptivo, Georges Perec, na já citada história de Sylvie e Jérôme, que descobriram as delícias das coisas que tornam a vida fácil, tranquila, conveniente e confortável, e resolveram ficar ricos para obter essas coisas em abundância.

> No mundo deles, era quase um regulamento sempre querer mais do que você pode ter. Não que eles tenham decretado isso; era uma lei social, um fato da vida, que as propagandas em geral, as revistas, vitrines de lojas, as cenas de rua e mesmo, em certo sentido, todas as produções que na linguagem coloquial constituem a vida cultural, expressam do modo mais autêntico.[17]

Tendo explorado umas tantas oportunidades tentadoras, mas frustrantes, eles finalmente alcançaram seu objetivo. Foram admitidos num "mundo estranho e cintilante, o universo deslumbrante de uma cultura de mercado, em prisões de abundância, em armadilhas enfeitiçadoras de conforto e felicidade".[18] Em um universo desse tipo, a vida deles prometia ser – eles tinham sonhado que fosse – "tão somente uma harmoniosa sequência de dias e noites, um modulando quase imperceptivelmente o outro, reprise sem fim dos mesmos temas, uma felicidade contínua, gozo perpétuo que nenhuma desordem, nenhum acontecimento trágico, nenhuma guinada ou virada do destino jamais poria em questão".[19]

Havia um empecilho, porém – um empecilho espinhoso e aborrecido nesse mundo de "felicidade contínua". Em várias ocasiões, nosso jovem casal "não podia aguentar aquilo nem um minuto mais. Eles queriam lutar e vencer. Mas como poderiam lutar? Com quem lutariam? Contra o quê deveriam lutar?".[20] Perec nos lembra que no passado, tanto quanto no presente, milhões de pessoas lutaram e continuam a lutar por um naco de pão e um copo de água potável – mas "Jérôme e Sylvie não acreditavam de verdade que a gente pudesse travar uma batalha por um sofá Chesterfield". Quem faria isso? Não posso deixar de lembrar a ideia de Wolfgang Goethe sobre a felicidade, implicada em sua suposta resposta à pergunta quanto a se, retrospectivamente, ele considerava que sua vida tinha sido feliz: "Eu tive uma vida muito feliz; embora não possa lembrar-me de uma semana feliz." Isso significa: a felicidade não advém da ausência de problemas, pesares, aflições, mas de resistir, lutar e superar esses problemas.

Dois anos depois de *As coisas*, Perec publicou *Um homem que dorme*,[21] contemplação filosófica do necessário fim da era consumista que apenas começava: "Talvez você pudesse continuar a mentir para si mesmo por muito tempo ainda, a embrutecer-se, a enredar-se. Mas o jogo acabou, a grande festa, a embriaguez falaciosa de uma vida suspensa. O mundo não se mexeu e você não mudou. A indiferença não o tornou diferente." Quanto ao potencial gerador de felicidade na vida, há uma diferença – uma diferença inteira e verdadeiramente incomensurável e sem fim – entre desejar mudar o papel de parede e o desejo de mudar o mundo e a difícil situação de seus residentes.

Papel de parede e móveis, mais a vista de sua janela, esposos, esposas e amantes, assim como seus pensamentos e você mesmo, estão entre os objetos de consumo com os quais – como prediz Joseph Brodsky, mais outro visionário – você está fadado a se entediar.[22] Segundo recomendações insistentes dos autores de peças publicitárias que prometem inserir uma medida de entusiasmo na sucessão que, sem isso, seria tediosa, triste e monótona de dias e noites, você pode tentar empacotar todos esses símbolos exaustos de alegrias passadas e botar no lixo mais próximo – e esquadrinhar as delícias ainda inexploradas do que parece um "novo começo" (isto é, novo papel de parede, novas paisagens à janela, novos amantes etc.). Se você acha, contudo, que substituir o papel de parede ou qualquer outro acessório da vida de consumo trará a felicidade de sua vida, você está prestes a viver amargas frustrações. Como adverte Brodsky – e como você, em nome da felicidade que procura (e na presente ocasião também em nome de um mundo um pouco mais auspicioso para a felicidade humana), deve ler, ponderar, memorizar e buscar compreender significativamente –, essa felicidade fantasmagórica e incorrigivelmente fissípara vai perdurar até o dia (e nem um dia a mais)

> em que você acordar em seu quarto em meio a uma nova família e um papel de parede diferente, num estado e clima diferentes, com uma pilha de contas de seu agente de viagens e do seu analista, mas com o mesmo sentimento bolorento em relação à luz do dia que entra pela janela. ... Neurose e depressão entrarão no seu léxico; pílulas, no seu armário de remédios.

Essas são questões existenciais básicas, dissolvidas quase a ponto da invisibilidade absoluta pela caça cotidiana de novas sensações e novos começos – as marcas registradas da nossa vida apressada, vivida sob a tirania do momento[23] em nossa intrínseca e talvez incuravelmente míope sociedade de consumidores. Elas anseiam por ser restituídas ao centro da atenção humana, temerosas de que o sonho moderno de autonomia, autocriação e autoafirmação humanas seja jogado para além dos limites da capacidade humana.

Formular essas e outras questões existenciais básicas e trazê-las de volta à agenda pública são a vocação compartilhada pela literatura e a sociologia. Dedicar-se a essas questões une os dois empenhos criativos – torna-os complementares e sentenciados à cooperação perpétua e à inspiração mútua.

· Notas ·

Prefácio *(p.9-15)*

1. Zygmunt Bauman, Michael Hviid Jacobsen e Keith Tester, *What Use Is Sociology? Conversations with Michael Hviid Jacobsen and Keith Tester*, Londres, Polity, 2014, p.14-7 (ed. bras.: *Para que serve a sociologia?*, Rio de Janeiro, Zahar, 2015).
2. Ver Frederick Barth, *Ethnic Groups and Boundaries: The Social Organization of Culture Difference*, Oslo, Universitetsforlaget, 1969.
3. Sobre a linhagem e a fase atual das "duas culturas [opostas] em uma", ler o artigo altamente informativo e criterioso de Stefan Collini: "Leavis vs. Snow: the 'two cultures' bust-up 50 years on", *The Guardian*, 16 ago 2013.
4. Aqui citado de Georg Lukács, *The Theory of the Novel*, Londres, The Merlin Press, 1971, p.72-3, 77 (ed. bras.: *A teoria do romance*, São Paulo, Editora 34, 2000).
5. Milan Kundera, *L'Art du roman*, Paris, Gallimard, 1968; aqui citado de *The Art of the Novel*, Londres, Faber & Faber, 2005, p.4-5 (ed. bras.: *A arte do romance*, São Paulo, Companhia das Letras, 2016).
6. José Saramago, *The Notebook*, Verso, 2010, p.13 (ed. bras.: *O caderno*, São Paulo, Companhia das Letras, 2009).

1. As duas irmãs *(p.17-33)*

1. Milan Kundera, *Le rideau: essai en sept parties*, Paris, Gallimard, 2005, p.104 (ed. bras.: *A cortina*, São Paulo, Companhia das Letras, 2006).
2. Jean-Pierre Richard, *Proust et le monde sensible*, Paris, Seuil, 1974, p.31.
3. Z. Bauman et al., *What Use Is Sociology?*, p.19.
4. Stefano Tani, *Lo schermo, l'Alzheimer, lo zombie: tre metafore del XXI secolo*, Verona, Ombre Corte, 2014; Adolfo Fattori, *Sparire a se stessi: interrogazioni sull'identità contemporanea*, Nápoles, Ipermedium Libri, 2013.
5. Z. Bauman et al., op.cit.
6. Mario Luzi, *Al fuoco della controversia*, Milão, Garzanti, 1978, p.43.

7. J.M. Coetzee, *Diary of a Bad Year*, Londres, Harvill Secker, 2007; *Diario di un anno difficile*, Turim, Einaudi, 2008, p.121 (ed. bras.: *Diário de um ano ruim*, São Paulo, Companhia das Letras, 2008).
8. Em italiano, *Il libro del riso e dell'oblio*, Milão, Adelphi, 1991.
9. Ibid., p.217.
10. David Lodge, *Deaf Sentence*, Londres, Penguin Books, 2009, p.32.
11. Milan Kundera, *Une rencontre*, Paris, Folio, 2011 (ed. bras.: *Um encontro*, São Paulo, Companhia das Letras, 2013).
12. Ver: https://www.opendemocracy.net/en/5050/what-should-we-do-about-radovan-karadzics-poetry/.
13. Ver: www.smh.com.au/action/printArticle?id=2774200.
14. Idem.
15. Susan Sontag, "Fascinating fascism", uma crítica de *The Last of the Nuba*, de Leni Riefenstahl, e de *SS Regalia*, de Jack Pia, *New York Review of Books*, 8 fev 1975.

2. A salvação pela literatura *(p.34-43)*

1. Eraldo Affinati, *Elogio del repetente*, Milão, Mondadori, 2013.
2. Zygmunt Bauman, *Collateral Damage: Social Inequalities in a Global Age*, Londres, Polity, 2011 (ed. bras.: *Danos colaterais: desigualdades sociais numa era global*, Rio de Janeiro, Zahar, 2013).
3. Ibid., p.1.
4. Ibid., p.2.
5. Ibid., p.3.
6. Richard Sennett, *Together: The Rituals, Pleasures and Politics of Cooperation*, New Haven, Yale University Press, 2012 (ed. bras.: *Juntos: os rituais, os prazeres e a política da cooperação*, Rio de Janeiro, Record, 2012).
7. Z. Bauman, op.cit., p.9.
8. E. Affinati, op.cit., p.12-3.
9. Ibid., p.25.
10. Ibid., p.50.
11. Paolo Rodari, "A Villa Miseria dove abitano gli amici del Papa", *La Repubblica*, 2 mar 2014, p.32.
12. Ver Martha Nussbaum e Amartya Sen, *The Quality of Life*, Oxford, Oxford University Press, 1993.
13. Z. Bauman, "The London riots: on consumerism coming home to roost".

3. O pêndulo e o centro vazio de Calvino *(p.44-50)*

1. Z. Bauman et al., *What Use Is Sociology?*.
2. Zygmunt Bauman e Keith Tester, *Conversations with Zygmunt Bauman*, Londres, Polity/Blackwell Publishers, 2001 (ed. bras.: *Bauman sobre Bauman*, Rio de Janeiro, Zahar, 2011).

3. Dominique Schnapper, *L'esprit démocratique des lois*, Paris, Gallimard, Collection NRF, 2014.

4. Moisés Naím, *The End of Power: From Boardrooms to Battlefields and Churches to States, Why Being In Charge Isn't What It Used to Be*, Londres, Basic Books, 2013 (ed. bras.: *O fim do poder*, Rio de Janeiro, Leya, 2013).

5. Marco Belpoliti, "Quel che resta del potere", *L'Espresso*, 27 fev 2014.

6. Zygmunt Bauman e Riccardo Mazzeo, *On Education*, Londres, Polity Press, 2012, cap.19 (ed. bras.: *Sobre educação e juventude*, Rio de Janeiro, Zahar, 2013).

7. Z. Bauman e K. Tester, *Conversations with Zygmunt Bauman*, p.145.

8. Com o subtítulo *Time, Chaos, and the New Laws of Nature*, Nova York, The Free Press, 1996 (ed. bras.: *O fim das certezas: tempo, caos e as leis da natureza*, São Paulo, Unesp, 2011).

9. Ibid., p.4, 7.

10. Ibid., p.37.

11. Zygmunt Bauman, *The Art of Life*, Londres, Polity, 2008 (ed. bras.: *A arte da vida*, Rio de Janeiro, Zahar, 2009).

12. Ver Arlie Russell Hochschild, *The Outsourced Self*, Nova York, Metropolitan Books, 2012, p.8.

13. Ibid., p.11, 12, 14.

4. O problema do pai *(p.51-60)*

1. Luigi Zoja, *Il gesto di Ettore*, Turim, Bollati Boringhieri, 2000.

2. Ibid., p.10-1.

3. Ibid., p.11.

4. Ibid., p.12.

5. Zygmunt Bauman, *A Natural History of Evil*, Londres, Indigo Press, 2012.

6. L. Zoja, *Il gesto di Ettore*, p.15.

7. Ibid., p.45.

8. Ibid., p.51.

9. Zygmunt Bauman, *Legislators and Interpreters: On Modernity, Postmodernity, and Intellectuals*, Londres, Polity, 1987 (ed. bras.: *Legisladores e intérpretes*, Rio de Janeiro, Zahar, 2010).

10. L. Zoja, op.cit., p.180.

11. Ibid., p.181.

12. Ibid., p.266.

13. Ibid., p.297.

14. Ver: www.brainyquote.com/quotes/quotes/b/blaisepasc151958.

5. A literatura e o interregno *(p.61-7)*

1. Adolfo Fattori, *Sparire a se stessi: interrogazioni sull'identità contemporanea*, Nápoles, Ipermedium Libri, 2013, p.11.

2. Ver "Walser's voice", in Robert Walser, *The Walk*, Londres, Serpent's Tail, 1992, p.vii-ix.

3. Robert Walser, "The walk", in Walser, *Selected Stories*, Nova York, Farrar, Straus and Giroux, 1982, p.86.
4. Ibid., p.52.
5. Robert Walser, "Kleist in Thun", in Walser, *Selected Stories*, p.19-20.
6. Franz Kafka, "The departure", in Nahum N. Glatzer (org.), *The Collected Short Stories of Franz Kafka*, Londres, Penguin, 1988, p.449.
7. Ver Martin Esslin in *The Theatre of the Absurd*, Londres, Doubleday, 1961, p.138 (ed. bras.: *O Teatro do Absurdo*, Rio de Janeiro, Zahar, 2018).
8. Ver W.G. Sebald, "Le promeneur solitaire", *New Yorker*, 7 fev 2014.

6. O blog e o desaparecimento dos mediadores *(p.68-76)*

1. Jonathan Franzen, *The Kraus Project: Essays by Karl Kraus Translated and Annotated by Jonathan Franzen*, Londres, 2013, p.25 da edição italiana. Todas as referências subsequentes a números de página deste título se aplicam à edição italiana.
2. J. Franzen, citado de *Die Fackel*, p.50.
3. Z. Bauman et al., *What Use Is Sociology?*.
4. Eugenio Borgna, *La dignità ferita*, Milão, Feltrinelli, 2013; *La fragilità che è in noi*, Turim, Einaudi, 2014.
5. J. Franzen, *The Kraus Project*, p.79-80.
6. Ibid., p.70-1.
7. Ibid., p.161.
8. Ibid., p.197-8.
9. Jonathan Franzen, *Farther Away*, Nova York, Fourth Estate, 2012, p.148-50.
10. Ibid., p.5-6.
11. Ibid., p.11.

7. Estamos todos nos tornando autistas? *(p.77-85)*

1. Jean-Michel Besnier, *L'Homme simplifié: la syndrome de la touche étoile*, Paris, Librairie Arthème Fayard, 2012.
2. Theodor Adorno, *Minima moralia: meditazioni della vita offesa*, Roma, La Biblioteca di Reppublica/L'Espresso, 1979 e 1994, p.38.
3 J.M. Besnier, op.cit., p.22.
4. Ibid., p.52.
5. Ibid., p.28.
6. Ver www.autistica.org.uk.
7. Ver www.autism.org.uk/about-autism/autism-and-asperger-syndrome-an-introduction/what-is-autism.aspx.

8. Metáforas do século XXI *(p.86-100)*

1. Z. Bauman et al., *What Use Is Sociology?*, p.84.
2. Ibid., p.78.
3. Ibid., p.78-9.
4. Ibid., p.77.
5. Idem.
6. S. Tani, *Lo schermo, l'Alzheimer, lo zombie: tre metafore del XXI secolo*.
7. Ibid., p.9.
8. Ibid., p.40.
9. Ibid., p.66-7.
10. Marshall McLuhan, *Understanding Media: The Extensions of Man*, Nova York, McGraw-Hill, 1964, p.49 (ed. bras.: *Os meios de comunicação como extensões do homem*, São Paulo, Cultrix, 1969).
11. S. Tani, op.cit., p.74.
12. Lisa Genova, *Still Alice*, Nova York, Simon & Schuster, 2009 (ed. bras.: *Para sempre Alice*, Rio de Janeiro, HarperCollins, 2015).
13. Ibid., p.33.
14. Ibid., p.268, 269.
15. Zygmunt Bauman, *Homo consumens*, Erickson, Trento, 2007.
16. S. Tani, op.cit., p.91.
17. Ver http://hundredgoals.files.wordpress.com2009/05/journal-of-retailing.pdf.
18. "In his new series Jacques Peretti shows how determined people are to get us buying stuff. And just how willing we are to comply", *The Guardian*, 28 jun 2014.
19. Georges Perec, *La vie: mode d'emploi*, Paris, Hachette, 1978 (ed. bras.: *A vida, modo de usar*, São Paulo, Companhia das Letras, 2009).
20. Georges Perec, *Les choses*, Paris, René Julliard, 1965 (ed. bras.: *As coisas*, São Paulo, Companhia das Letras, 2010). Citado a partir da tradução inglesa, *Things: A Story of the Sixties*, Nova York, Vintage Books, 2011.
21. G. Perec, *Things*, p.35.
22. Thorstein Veblen, *Theory of the Leisure Class*, Oxford, Oxford University Press, 2009 [1899].
23. Thorstein Veblen, *Conspicuous Consumption*, Londres, Penguin Books, 2005, p.57-8.
24. Nicolas Rousseau, 12 jul 2014; disponível em: www.actu-philosophia.com/spip.php?article382.
25. Christopher Lasch, *Culture of Narcissism: American Life in an Age of Diminishing Expectations* [1979], Nova York, W.W. Norton & Co., 1991, p.50.
26. Ibid., p.50-1.
27. Ibid., p.27, 33, 64.
28. Ibid., p.242.
29. Michael Maccoby, *The Gameman: The New Corporate Leaders*, Nova York, Simon & Schuster, 1976, p.104. Aqui citado de C. Lasch, *Culture of Narcissism*, p.44.

30. C. Lasch, *Culture of Narcissism*, p.44.
31. Jean M. Twenge e W. Keith Campbell (orgs.), *The Narcissism Epidemics: Living in the Age of Entitlement*, Nova York, Atria Paperback, 2013, p.259.
32. C. Lasch, op.cit., p.248.
33. Idem.

9. O risco da tuiteratura *(p.101-12)*

1. Dubravka Ugrešić, *Cultura Karaoke*, Milão, Nottetempo, 2014 (no original, *Karaoke Culture/Napad na minibar*, 2011).
2. Ibid., p.16.
3. Ibid., p.22-3.
4. Ibid., p.56.
5. Corinne Atlas, "Un problema con la letteratura", *Internazionale*, n.1065, 22 ago 2014, p.80.
6. D. Ugrešić, *Cultura Karaoke*, p.103.
7. Ibid., p.58.
8. Ibid., p.56.
9. Cito a partir da tradução para o inglês, *Karaoke Culture*, Rochester, Open Letter, 2011, p.39.
10. Ibid., p.40-1.
11. D. Ugrešić, *Cultura Karaoke*, p.22-3.
12. D. Ugrešić, *Karaoke Culture*, p.43.
13. Citado a partir da tradução de Thomas Y. Levin, *The Mass Ornament*, Cambridge, Harvard University Press, 1995, p.65, 71.
14. Siegfried Kracauer, em outro ensaio, "Die Wartenden", *Frankfurter Zeitung*, 12 mar 1922, p.132, 129-30, 130-1.

10. Seco e úmido *(p.113-21)*

1. Alberto Garlini, *La legge dell'odio*, Turim, Einaudi, 2012.
2. Charles Wright Mills, *The Sociological Imagination*, Oxford, Oxford University Press, 2000 [1959], p.8 (ed. bras.: *A imaginação sociológica*, Rio de Janeiro, Zahar, 1982).
3. A. Garlini, op.cit., p.548.
4. Ibid., p.590-1.
5. Ibid., p.71-2.
6. Ibid., p.555.
7. Ibid., p.621-2.
8. Aqui na edição da American University of Minnesota Press, 1987, com o título *Male Fantasies*.
9. Jonathan Littell, *Le sec et l'humide*, Paris, Gallimard, 2008.
10. Ibid., p.35.

11. O entrincheiramento na "singularidade" (p.122-30)

1. Jonathan Littell, *Les bienveillantes*, Paris, Gallimard, 2006; ed. italiana: *Le benevole*, Turim, Einaudi, 2007, p.18; referências subsequentes a números de páginas deste título são da edição italiana (ed. bras.: *As benevolentes*, Alfaguara, Rio de Janeiro, 2007).
2. Ibid., p.24.
3. Ibid., p.496.
4. Robert Musil, *Der Man ohne Eigenschaften*, Hamburgo, Rowohlt Verlag, 1930; edição italiana: *L'uomo senza qualità*, Turim, Einaudi, 1958, p.654 (ed. bras.: *O homem sem qualidades*, Rio de Janeiro, Nova Fronteira, 2018).
5. R. Musil, *L'uomo senza qualità*, p.668.
6. Ibid., p.672.
7. Zygmunt Bauman e Gustavo Dessal, *El retorno del péndulo: sobre psicoanalisis y el futuro del mundo líquido*, Madri, Fondo de Cultura Económica de España, 2014 (ed. bras.: *O retorno do pêndulo*, Rio de Janeiro, Zahar, 2017).
8. J. Littell, *Le benevole*, p.382.
9. Ibid., p.383.
10. Ibid., p.440.
11. Z. Bauman e G. Dessal, op.cit., p.27.
12. J. Littell, op.cit., p.144.
13. Ver R. Sennett, *Together: The Rituals, Pleasures and Politics of Cooperation*, p.19.
14. Joke Brouwer e Sjoerd van Tuinen (orgs.), *Giving and Taking: Antidotes to a Culture of Greed*, Roterdã, V2_Publishing, 2014, p.5.
15. Ver Peter Sloterdijk, "What does a human have that he can give away?", in Brouwer e Van Tuinen (orgs.), *Giving and Taking*, p.10-1.
16. Sloterdijk, "What does a human have that he can give away?", p.17.
17. Ibid.
18. Ibid., p.18.

12. Educação, literatura, sociologia (p.131-43)

1. Paul Auster e J.M. Coetzee, *Here and Now: Letters (2008-2011)*, Nova York, Vintage, 2013, p.127.
2. Massimo Recalcati, *L'ora di lezione*, Turim, Einaudi, 2014.
3. Ibid., p.45-6.
4. *London Review of Books*; disponível em: www.lrb.co.uk.
5. P. Auster e J.M. Coetzee, *Here and Now*, p.129.
6. Ibid., p.87.
7. Benedetto Vecchi, "Un sapere ridotto in frammenti", *Il manifesto*, 4 set 2014.
8. C.W. Mills, *The Sociological Imagination*, p.197.
9. Ibid., p.202.
10. Ibid., p.205.

11. Ibid., p.212.
12. David Grossman falando na Pordenonelegge durante conferência, set 2013.
13. J. Saramago, *The Notebook*.
14. Zygmunt Bauman, *In Search of Politics*, Londres, Polity, 1999, p.125 (ed. bras.: *Em busca da política*, Rio de Janeiro, Zahar, 2000).
15. Ibid., p.128.
16. Michael Haneke citado de R. Weiskopf, "Ethical-aesthetic critique of moral organization: inspirations from Michael Haneke's cinematic work", *Culture and Organization*, 20 mar 2014, p.152-74.
17. Ver G. Perec, *Things: A Story of the Sixties*, p.49.
18. Ibid., p.77.
19. Idem.
20. Idem.
21. Aqui citado de *A Man Asleep*, in G. Perec, *Things*.
22. Ver Joseph Brodsky, *On Grief and Reason: Essays of Joseph Brodsky*, Nova York, Farrar, Straus and Giroux, 1995, p.107-8.
23. Frase cunhada por Thomas Hylland Eriksen, *A History of Anthropology*, Londres, Pluto Press, 2001. Para uma análise mais ampla, ver também Zygmunt Bauman, *Consuming Life*, Londres, Polity, 2007, cap. 3 (ed. bras.: *Vida para consumo*, Rio de Janeiro, Zahar, 2008).

A marca FSC® é a garantia de que a madeira utilizada na fabricação do papel deste livro provém de florestas que foram gerenciadas de maneira ambientalmente correta, socialmente justa e economicamente viável, além de outras fontes de origem controlada.

Este livro foi composto por Mari Taboada em Avenir e Minion 11/14 e impresso em papel offset 90g/m² e cartão triplex 250g/m² por Geográfica Editora em janeiro de 2020.